"一带一路"之
中国-柬埔寨天然橡胶科技合作实践

PRACTICE OF CHINA-CAMBODIA NATURAL RUBBER SCIENCE AND TECHNOLOGY COOPERATION UNDER THE BELT AND ROAD INITIATIVE

中国热带农业科学院橡胶研究所
柬 埔 寨 橡 胶 研 究 所　组织编写

周建南　宋红艳　位明明　主　编

中国农业科学技术出版社

图书在版编目（CIP）数据

“一带一路”之中国－柬埔寨天然橡胶科技合作实践 / 周建南，宋红艳，位明明主编 . -- 北京：中国农业科学技术出版社，2021.2

ISBN 978-7-5116-5199-0

Ⅰ . ①一… Ⅱ . ①周… ②宋… ③位… Ⅲ . ①天然橡胶—橡胶工业—国际科技合作—研究—中国、柬埔寨Ⅳ . ① F426.7 ② F433.567

中国版本图书馆 CIP 数据核字（2021）第 034166 号

责任编辑 姚　欢
责任校对 贾海霞
责任印制 姜义伟　王思文

出 版 者 中国农业科学技术出版社
北京市中关村南大街 12 号　邮编：100081
电　　话（010）82106631（编辑室）（010）82109704（发行部）
（010）82109702（读者服务部）
传　　真（010）82106631
网　　址 http://www.castp.cn
经 销 者 各地新华书店
印 刷 者 北京建宏印刷有限公司
开　　本 185 mm × 260 mm　1/16
印　　张 10　彩插　32 面
字　　数 300 千字
版　　次 2021 年 2 月第 1 版　2021 年 2 月第 1 次印刷
定　　价 120.00 元

《“一带一路”之中国–柬埔寨天然橡胶科技合作实践》编委会

项目资助

①农业农村部农业国际交流合作项目“一带一路”热带国家农业资源联合调查与开发评价课题“热带产胶植物种质资源联合调查与技术示范”（BARTP-02-2020）

项目主持人：周建南　程　汉

子课题负责人：位明明　王文斌　王立丰

②中国热带农业科学院橡胶研究所基本科研业务费项目“天然橡胶走出去战略研究”（1630022020018）

项目主持人：宋红艳

前言

中国热带农业科学院橡胶研究所（简称热科院橡胶所）是我国唯一以天然橡胶为主要研究对象的国家级研究机构。本书记录了热科院橡胶所执行国家“一带一路”项目过程中，与柬埔寨科研单位和国内“走出去”企业开展天然橡胶科技合作背景、内容、方式和成果，并对中国－柬埔寨天然橡胶科技合作的意义和未来合作领域进行了展望。

本书共分七章，第一章介绍了中国－柬埔寨天然橡胶科技合作背景，第二章着重描述了中国－柬埔寨天然橡胶科技合作内容和方式，第三章介绍了橡胶树育种基地建设和成果，第四章介绍了柬埔寨不同试验区橡胶树主栽品种表现，第五章介绍了柬埔寨橡胶园土壤与叶片诊断联合实验室建设和成果，第六章介绍了柬埔寨橡胶树种植示范基地建设和成果，第七章提出了中国－柬埔寨天然橡胶科技合作展望。另外，附录对橡胶树种质资源、育种技术、品种类型，以及新品种特异性、一致性和稳定性测试进行了详细介绍。

本书图文并茂，详细描述了合作的创新性和取得的扎实成果，既可以为上级领导和外事管理人员提供参考，也可为参与国际合作项目的科研人员提供技术指导。

由于编者水平有限，书中难免存在疏漏和不足，敬请读者批评指正！

周建南　宋红艳　位明明

2020 年 11 月于海口

目录

第一章 中国－柬埔寨天然橡胶科技合作背景

宋红艳 王翠翠 刘锐金 中国热带农业科学院橡胶研究所

1 柬埔寨天然橡胶产业背景

1.1 基本国情

柬埔寨王国（简称柬埔寨）的国土面积 181 035 平方千米，总人口约 1 600 万，国内生产总值 270.9 亿美元（2019 年），增长率为 7.1%。当地货币为瑞尔，美元可自由流通（1 美元约合 4 100 瑞尔）。官方语言为高棉语。佛教为国教，93% 以上的人口信奉佛教；占族多信奉伊斯兰教，少数城市居民信奉天主教。北邻泰国、老挝，南与越南接壤，西南滨临暹罗湾，海岸线长约 460 千米，境内的洞里萨湖是全东南亚最大的淡水湖，其与巴萨河、湄公河是柬埔寨境内最醒目的地标。全国区分为 24 省（其中 4 省邻海），另有 3 个自治市、172 个区。柬埔寨位于中南半岛西南部，最南端至西边区域地处热带区域，北方以扁担山脉与泰国柯叻交界，东边的腊塔纳基里台地和 Chhlong 高地与越南中央高地相邻。西边是狭窄的海岸平原面对暹罗湾的西哈努克海。扁担山脉在洞里萨流域北边，由泰国的柯叻台地南部陡峭悬崖构成，是泰国和柬埔寨国界。柬埔寨属于典型的热带季风气候，年降水量 2 000 毫米，全年分为雨季（5—10 月）和旱季（11 月至次年 4 月），全年 90% 的降雨集中在雨季；全年平均气温 24℃，4 月最热，高达 40℃。

1.2 柬埔寨热带农业资源状况

柬埔寨热带气候资源丰富，粮食作物主要有稻谷和玉米，经济作物包括橡胶、胡椒、棉花、腰果、糖棕、花生、大豆、芝麻、蓖麻、黄麻、烟叶、木薯、甘蔗等。柬埔寨地处热带，属于热带季风气候，土地肥沃，气候条件适宜。2013 年农业普查临时报告显示，2013 年柬埔寨全国农作物种植面积约 310 万公顷。《柬华日报》报道，全国可耕地面积 670 万公顷，2020 年柬埔寨全国粮食作物种植面积 340.2 万公顷，还有大量的耕地等待开发。然而，柬埔寨农业生产水平非常低下，已开发的耕地单位面积产量低，还有很大的发展空间。柬埔寨拥有非常丰富的森林资源，森林面积约为 98 392 平方千米，人均占有面积约为0.66公顷，是中国森林人均拥有面积的4倍多，森林覆盖率达到55.7%，是中国森林覆盖率的2倍多。林地面积不断缩小，农业及其他用途的土地面积增加。此外，柬埔寨还拥有约460千米长的海岸线和东南亚最大的天然淡水渔场，为海、水产养殖提供了非常好的条件；全年雨量充沛，日照充足，天然草地、森林广阔，气候条件适宜发展畜牧业养殖。同时农业一直采用粗放式管理，基本“靠天吃饭”，很少使用化肥、农药，拥有让农作物安全生长的空气、土壤和水源，具有发展高质有机农业的自然优势。

1.3 柬埔寨热带农业发展概况

柬埔寨气候、水土、光照等自然条件优越，适宜种植热带作物、谷物和水果，当地政府十分关注农业领域的开放、开发和合作。

1.3.1 热带农业生产与加工现状

柬埔寨土地资源富饶、气候适宜，比较适合种植传统的农业，以水稻、木薯、橡胶为主，还有热带水果、腰果、玉米、蔬菜、黄豆、芝麻、花生、甘蔗、烟草等少量经济作物。畜牧业、渔业、林业也分别占农业领域的一定比例（曾祥山等，2013)。水稻是柬埔寨主要的农作物，2018年水稻的种植面积超过了全国耕地面积的80%，产量达到了全年农产品产量的90%，主要品种包括苏马里大米和茉莉花大米等一级米，姜花大米、娘明大米和普通米等二级米。2020年，水稻种植面积为333万公顷，占全国粮食种植总面积的97%。

2002年以来，柬埔寨的谷物生产效率大幅度提高，2014年单位面积产量为3 319千克/公顷，相当于提高了1.73倍。同时，人均产量也有较大幅度的提升，2012年达到690.51千克/人，但之后有所下降。

政府鼓励农业产品制造与销售的共同体发展，给予一些政策支持，增加和扩大对大米制品的销售推广力度及范围，努力实现大米加工厂生产和销售的基本自足。另外，政府还推广并实施针对农作物的收成保险，以此来减少农民因自然灾害而产生的经济损失。柬埔寨政府提倡利用综合技术来种植水稻，减少不必要的成本和费用支出，达到提高生产效率的目的，努力发展农业机械化生产和推动农业新技术的广泛应用。

天然橡胶产业是柬埔寨农业的重要支柱产业和最大创汇产业。近20年来，柬埔寨的天然橡胶产业发展迅猛，2013年种植面积达到30万公顷，年创汇近2亿美元。2020年柬埔寨橡胶种植面积40.5万公顷。2019年橡胶出口量近30万吨，出口额近4亿美元。但由于其国内天然橡胶领域的研究开发及科技创新能力薄弱，对产业支撑不足，生产与管理技术落后等因素，严重制约了产业的进一步发展。提升其科技创新和支撑产业发展能力，提高生产技术水平，促进产业发展是目前迫在眉睫的问题。

1.3.2 热带农产品贸易现状

2010年柬埔寨大米出口仅为4万吨，2013年就接近40万吨，3年就增长10倍。出口已从稻谷转向粳米，这主要得益于其国内加工业的发展。柬埔寨政府也把稻米产业列为农业发展的龙头产业，《促进稻谷生产和大米出口政策》中提出力争实现2015年大米出口100万吨，但实际出口量为46.58万吨，出口额2.85亿美元。大米是柬埔寨主要出口农产品，2019年大米出口量约62万吨，出口总值约5亿美元，据柬埔寨农林渔业部统计，2019年农产品出口总量700万吨。大米出口量62万吨，其他农产品：干木薯162.6万吨，鲜木薯160.8万吨，木薯粉56.9万吨，腰果20.2万吨，玉米11.9万吨，黄豆5.7万吨，香蕉15.8万吨……离目标实现还有较大的空间。由于工业基础薄弱，农业基础设施和耕种技术落后，更由于稻米加工技术落后，大量稻谷被非法偷运到泰国、越南，加工成"泰米""越米"出口，严重影响了柬埔寨大米的正常出口贸易，影响了柬埔寨政府提出的大米出口目标的实现。

2010年以来，天然橡胶出口量不断增加，但受市场低迷的影响，出口额不升反降。柬埔寨政府大力支持橡胶种植业发展，将其作为减低农村地区贫困的主要手段之一。由于劳动力成本较低，橡胶种植业具有较好的比较优势，近年橡胶价格持续低迷，主要产胶国的产量出现了下滑，但柬埔寨仍是增产。影响天然橡胶产业发展的主要瓶颈包括优良品种覆盖率较低，种植规划不合理，胶园管理措施相对滞后，特别是初加工业发展落后。胶乳、生胶片等初级产品加工原料被运到相邻国家加工，使柬埔寨橡胶种植者在价值链中处于非常不利的位置。2018年全年，柬埔寨橡胶出口量为21万吨，出口额接近3亿美元。2019年，橡胶出口量近30万吨，出口额近4亿美元。柬埔寨橡胶主要出口到中国、越南、新加坡和马来西亚等。

其他热带产品的出口规模较小，如2015年可可豆出口350吨，出口额44.56万美元；棕榈油出口1.81万吨，出口额964.26万美元。2013年原木出口额67.93万美元。柬埔寨所生产的胡椒在国际市场上具有较高的竞争力，越来越受到国外消费者的欢迎，2015年贡布胡椒连续荣获美国有机标准（NOP）认证、欧盟标准（EOS）认证和日本有机农业标准（JAS）认证。据柬埔寨农林渔业部报告，2019年胡椒（非地理标志产品）出口3 693.25吨，较2018年增长53.17%。

1.3.3 热带农业科技发展概况

柬埔寨国家农业研究体系致力于通过开发农业科技知识以及改良技术、方法、政策建议的采用与转化，提高生产力以及各种作物、畜牧、渔业、林业资源利用的可持续性，致力于提高柬埔寨人民的福利并保护水土资源等自然资源。在确保粮食安全和自然资源可持续性的同时，兼顾农业发展的效率和利益，提高技术、方法和政策建议的数量、质量和可行性。柬埔寨国家农业研究体系战略内容主要包括：通过大量多层面的合作，强化各种知识的衔接度、资源研究的目的性以及研究的细化过程，以提高技术发展的效率和效力；拓宽投资渠道，促进私人及相关部门参与并投资农业研究；在所有技术开发及转化方面，注重社会公平和环境因素；通过适应性和应用性研究保持并提高知识水平，并与国际机构合作获取基础战略性研究数据；以可持续发展的态度为重心，强化贯彻各项措施的能力，吸引、开发和吸纳高素质人才，提高全国农业服务体系的质量。

柬埔寨农业科研机构以单一的国家农业研究所为主体，这是由于农业科研的公共性所决定的。其主要的机构有柬埔寨农业研究与发展协会（Cambodian Agricultural Research and Development Institute，CARDI）。CARDI 是柬埔寨农业部下属的研究机构，相当于中国农业科学院，在政府拨款和人才储备方面，都属于柬埔寨最大规模的研究机构。CARDI 创建于 1999 年 8 月，机构使命是通过农业研究、培训和技术转移，提高柬埔寨农民的生活水平。在柬埔寨政府的国家扶贫计划及经济发展规划政策中，CARDI 作出了重要的贡献。CARDI 主要是以农学为基础，主要包括：① 水土资源科学研究；② 植物育种；③ 植物保护；④ 经济社会研究；⑤ 农学和耕作体系研究；⑥ 农机研究。CARDI 改进了一批农作物品种，在改善作物多样性、作物改良、生长、栽培及收获方面取得了进步，尤其水稻方面。CARDI 研究的薄弱环节是研究规模较小，缺乏对非稻作植物的系统性研究与开发。由于缺乏弹性的资金预算，CARDI 并没有完全发挥其潜在人力资源和配套设施的作用，因而除委员会自身所拥有的研究实力以外，国际合作在很大程度上成为该研究所的主要力量。目前，CARDI 与中国、澳大利亚、加拿大、日本、韩国、泰国等 10 多个国家建立了广泛的联系。此外，柬埔寨重要的农业科研机构还有柬埔寨橡胶研究所（Cambodian Rubber Research Institute，CRRI）、内陆渔业研究与开发研究所（Inland Fisheries Research and Development Institute，IFReDI）、国家动物防疫与繁殖研究中心（National Animal Health and Production Investigation Center，NAHPIC）、林木与野生动植物研究与发展研究所（Institute of Forest and Wildlife Research and Development，IFWRD）等。

1.4 农业政策法规与投资环境

1.4.1 农业政策法规

柬埔寨实行开放的自由市场经济政策，经济活动高度自由化，投资者可投资除法律特别规定之外的大部分领域。鼓励外商投资农业、旅游业、环保、高科技、劳动密集型工业、出口型工业、基础设施和能源等重要领域，大力兴建经济特区，给予特殊优惠政策。

柬埔寨政府视外国直接投资为经济发展的主要动力，与外国直接投资相关的法律法规以鼓励投资为基本思路。无专门的外商投资法，其吸收外资的法规政策主要体现在《投资法》及其《实施条例》等相关法规和文件中，《投资法》规定：对外资与内资基本给予同等待遇。除宪法中有关土地所有权（只允许本国国籍公民和法人购买）的规定外，所有的投资者，在法律面前一律平等；政府不实行损害投资者财产的国有化政策；已获批准的投资项目，政府不对其产品价格和服务价格进行管制；不实行外汇管制，允许投资者从银行系统购买外汇转往国外，用以清算其与投资活动有关的财政债务。

柬埔寨作为最不发达国家之一，享受美、欧、日等 28 个国家给予的普惠制待遇(GSP)。柬埔寨很多产品如满足原产地规则等要求，可享受较宽松的配额和进口关税减免待遇，同时，有权享受很多产品关税减免的额外优惠。

在柬埔寨，投资人根据《投资法》在柬埔寨发展理事会或省 / 市投资委员会注册并取得最终注册证书的合格投资项目可享受免交利润税或特别折旧，免税进口生产设备、建筑材料（法律规定范围内），经批准合格投资项目的权利、待遇可转让或让渡给收购该项目或与其和平的自然人或法人等优惠政策。

在法律规定范围内，免征投资生产企业的生产设备、建筑材料、零配件和原材料等的进口关税；企业投资后可享受 3~8 年的免税期，免税期后按税法交纳税率为 9% 的所得税；利润用于再投资，免征所得税；分配红利不征税；产品出口，免征出口税。

柬埔寨政府依据《投资法》，对开发种植 1 000 公顷以上的稻谷、500 公顷以上的经济作物、50 公顷以上的蔬菜项目，对畜牧业存栏 1 000 头以上、饲养 100 头以上的乳牛项目、饲养家禽 10 000 只以上的项目，占地 5 公顷以上的淡水养殖、占地 10 公顷以上的海水养殖项目，均给予支持和优惠待遇。主要鼓励措施包括：项目实施后，从第一次获得盈利的年份算起，可免征盈利税的市场最长为 8 年，如连续亏损则被准许免征税，如果投资者将其盈利用于投资再生产，可免征盈利税；政府只征收纯盈利税，税率为 9%；分配投资盈利，不管是转移到国外，还是在柬埔寨国内分配，均不征税；对投资项目需进口的建筑材料、生产资料、各种物资、半成品、原材料及所需零配件，均可获得 100% 免征关税及其他税赋，但必须是产品的 80% 供出口的投资项目。

1.4.2　农业投资现状

柬埔寨是传统的农业国家，农业基础薄弱。农业在柬埔寨政府发展四角战略的第二阶段中被列为国家发展的重点。政府不断增加农业投入，实施惠农政策，对农民继续实施进口农业生产资料免征税的政策，鼓励私人企业积极进行农业投资。政府继续对农村发展银行注资，实施农业试种项目，对农民提供小额贷款，发展农业多种形式种植，增加农民收入。为增强生产信心和保证粮食安全，政府还设立了“支持农业基金”对私人和中小型合作社提供短期低息贷款支持，鼓励农民集体合作的生产模式。

柬埔寨农业投资重点主要包括农业科研、水稻加工等，支持开展农业机构开展研究与开发活动，估计稻米加工量和出口量。总体而言，投资力度较小，2015 年外国直接投资净流入资金占 GDP 的比重为 9.42%。每个劳动力的平均农业增加值仅为 797.71 美元（2010 年价格水平）。

柬埔寨是中国开展对外投资的重要地区之一，近年来无论是投资项目数量还是投资金额都呈增长趋势。根据柬埔寨方面的统计，中国是其最大的外资来源地。特别是在金融危机影响下，外来投资锐减，中国对柬埔寨投资不降反升。中国国内产业正由劳动密集型向资金和技术密集型方向发展，而柬埔寨正好迫切需要发展其工业体系。

1.4.3　农业投资风险

柬埔寨的投资障碍相当突出，主要表现在基础设施建设落后、法律制度不健全、公务员队伍效率低下、腐败问题严重、国内治安状况不佳。国外资本在柬埔寨投资农业面临以下方面的主要风险。

一是基础设施等硬件条件较差。水、电、交通、通信等基础设施条件差，相关成本费用高，工人工资水平相比周边的越南、孟加拉国等纺织服装竞争对手较高且劳动力素质和效率较低。

二是市场、经营秩序混乱，法制不健全，腐败现象屡见不鲜。法律、司法对外资的保护不力，无经济法庭。

三是工会组织及其活动是在柬埔寨投资劳动力密集型企业和从事劳务合作必须认真对待的一个重要因素。《柬埔寨劳工法》规定，工人可在企业设立工会，工人和工会可以组织罢工活动。目前，柬埔寨注册有 9 个全国性的工会组织，号称拥有会员 10 多万人，其中有 8 个工会分布在制衣行业。大部分制衣厂登记的工会都属于这 8 大工会。所有工会都是为了保护工人（主要是本国国籍工人）的利益（甚至并不合理的利益）而设立的。工会活动受国内法律的保护，并且得到西方发达国家和在柬埔寨有关非政府组织（如人权组织、国际劳工组织等）的大力支持，部分工会还受反对党操纵，活动较为活跃，经常组织大规模罢工、游行和示威活动，甚至在背地里诱导和怂恿工人进行暴力罢工，造成工厂直接或间接经济损失。近年来，数十起暴力罢工事件给有关企业带来了较严重的经济损失。另外，柬埔寨工人的组织纪律性较差，部分工人领完工资就不来工作。

四是柬埔寨经济发展主要依赖外援和外资，但柬埔寨在二者发生冲突时则常会“重援而轻资”，造成在许多投资政策的制定和执行过程中受到“外援”的左右。柬埔寨政府迫于来自国际援助机构和非政府组织关于保护环境的压力，单方面终止原与所有投资商签订的森林开发和木材加工的长期合作协议，造成在此领域投资的企业经营活动全面停滞；迫于美国和国际劳工组织对劳工权力问题的压力，其制定的劳工政策和在处理劳资纠纷过程中，往往重劳工权益的保护而轻投资方合法权益的保护。

可选择的防范措施：充分了解柬埔寨吸引外资的法规政策、投资环境和投资相关法律；认真、深入地进行投资相关的调研，避免盲目投资；寻找可靠的、有实力的合作伙伴；由于当地的劳动力素质普遍较低，在人才的应用方面应做充分的考虑。根据目前总体形势判断，在柬埔寨大规模投资的风险仍较高。

1.5 中国 – 柬埔寨农业合作

1958 年中国和柬埔寨建立外交关系，双边贸易发展迅速，双方在自然资源、产业结构上的差异，使其各具比较优势，在产业内和产业间都形成了互补特征。1996 年，两国签订了贸易协定和投资保护协定。2004—2016 年上半年期间，双方共签订了 72 项合作协议和文件，涉及基础设施建设、水资源开发利用、信息技术、能源利用、互联互通规划以及医疗等多个领域，为推动两国进一步加强经贸合作起到了积极推动作用。2016 年上半年，中柬贸易额达 23.4 亿美元，同比增长 10.2%。2018 年，中柬双边贸易额达 73.9 亿美元，同比增长 27.6%。中国对柬埔寨投资产业主要分布在水电站、电网、通信、服务业、纺织业、农业、医药、能源等领域。

在电力领域，柬埔寨所有水电站均系中国企业投资或控股投资建设；中资企业投资建设的水电、火电项目发电量，约占柬埔寨全国发电量的80%；中资企业已建成的高压输电线路占柬埔寨高压输电线路总长的35%，已建成的农村电网占柬埔寨农村电网总长的约1/4。在道路建设等领域，中资企业利用中国政府提供的援助及优惠贷款，为柬埔寨修筑公路2 600千米、桥梁6.81千米；累计支持柬埔寨水利项目14个、灌溉面积43.22万公顷。在通信领域，中资企业在柬埔寨投资铺设了1.2万千米陆上光缆，承建了柬埔寨第一条长度达1 300千米的海底国际光缆。

双方人员往来频繁，中国帮助柬埔寨培训了大批经济建设急需人才。截至2014年，中国为柬埔寨培训各类人才约1 450名，培训范围涉及外交、金融、教育、农业、商务、工业、交通、卫生等多个领域，生源来自首相府、外交部、财经部、商业部、工矿能源部、农林渔业部、公共工程运输部、卫生部、国土规划与建设部、国家银行等多个部门。

柬埔寨非常关注中国提出的“一带一路”倡议，希望通过中国政府的丝路基金及亚洲基础设施投资银行资金帮助其更好地实施道路基础设施项目。柬埔寨政府支持中国路桥工程有限公司以BOT方式投资金边至西哈努克港高速公路项目，希望中柬双方共同努力，把该项目打造成“一带一路”倡议合作的重点项目。

1.5.1　中国柬埔寨农业合作现状

中国与柬埔寨在农业领域互补性强，发展潜力巨大。农业合作开发中，可以充分发挥中国在技术、人力资源和机械化的优势。在生产技术、产后保存和处理技术方面，可以有效帮助柬埔寨提高农业的现代化水平，共同探讨在柬埔寨建立农业发展基地。在农业领域合作方面，中柬双方开展了经济作物种植、家畜养殖等探索农业综合开发的合作，都是双方进行的一些有益尝试。

在地区层面，柬埔寨与中国广西壮族自治区、云南省、广东省和海南省等热区省份在农业领域的合作较为紧密。2013年1月8日，柬埔寨农林渔业部和中国广西壮族自治区农业厅签署了《农业合作谅解备忘录》，加强柬埔寨和中国广西在农业领域的交流合作。备忘录的合作有效期为5年。双方据此将加强农业交流、农作物种植加工合作、农业贸易与投资合作，柬埔寨鼓励和支持广西农业企业和单位到柬埔寨建立农业生产基地，开展农业投资和贸易合作。广西农业厅将支持柬埔寨大米出口目标的实现。

从具体合作项目来看，相对集中在木薯、橡胶、糖料蔗、热带水果等热带作物，这与柬埔寨优质气候条件、中国热区面积小等因素密切相关。

2013年，在国家“走出去”政策的支持下，广东农垦开始在柬埔寨设立广垦国际（柬埔寨）有限公司等企业，开展以橡胶种植为主的农业综合开发。已经在柬埔寨获得了3万公顷特许经营地，种植橡胶4 300多公顷。

2013年5月21日，为了支持柬埔寨的木薯种植、加工和出口，中国、柬埔寨和联合国发展计划署签署了三方第二期木薯合作项目协议。中国驻柬埔寨大使馆经商处参赞金远、柬埔寨农林渔业部国务秘书丁来和联合国教科文组织驻柬埔寨代表处主任山崎节子等出席了合作协议签字仪式。

2014 年 2 月 27 日，中国政府在柬埔寨建设的第一个农作物优良品种示范基地——中柬优质蔬菜水果示范基地，中国农业部副部长余欣荣，柬埔寨农林渔业部国务秘书曼安诺，福沃得公司董事长罗雯文，以及中柬有关部门、公司企业、农业专家和当地民众出席了揭牌仪式。

2015 年 10 月 26 日，澜沧江 – 湄公河对话合作机制主要覆盖 5 项领域，分别是互联互通、产能合作、资源能源合作、减贫合作和农业合作，将帮助促进流域内各国互补互利和共同发展。

2016 年 1 月 1 日起，中国政府给予柬埔寨 413 种商品进口零关税的优惠待遇。为了促进中国和柬埔寨的贸易往来，使柬埔寨大米顺利进入中国，早在 2010 年 10 月两国就已达成了共同认同的协议。

2016 年 3 月 22 日，柬埔寨 2 家企业以 60 万元的价格购买了由中国热带农业科学院生物所研发的沉香整树结香技术，当天首笔付款 32.5 万元到位，标志着中国热带农业技术出口从主要与政府合作、无偿对外援助，逐步转向与企业合作、多种方式输出。

2016 年 4 月 19 日，由中资企业瑞峰（柬埔寨）国际有限公司投资兴建的亚洲最大的蔗糖生产线开榨仪式在柬埔寨柏威夏瑞峰糖业基地隆重举行。洪森首相和中国驻柬埔寨大使布建国女士出席剪彩仪式。

1.5.2 中国柬埔寨农业合作存在的问题

对柬埔寨农业投资的服务能力不足。目前，服务于在柬埔寨农业投资的资源较少，投资方大多是自己摸索，部分企业也付出了较大的代价。中国在柬埔寨进行农业投资的协调性不够，信息共享程度不高，会出现多家中国企业犯同样错误的情况。人员往来受限多。中国农业科研机构大多为事业单位，在对柬埔寨开展交流合作、共建科研平台、协助构建标准体系、参与技术培训等方面的人员往来较少，对柬埔寨农业资源布局、科研体系运行、市场体系建设、科技需求等缺乏足够的认识，深入的研究更少。

1.5.3 中国柬埔寨农业合作需求与前景

柬埔寨农业发展现处于转型期，农业在国民生产总值中的比重开始降低。2004—2012 年，农业增加值年均增长速度为 5.3%，农业总产年增长率 8.7%，主要由水稻（年增长率 9%）、玉米（20%）、木薯（51%）、蔗糖（22%）和蔬菜（10%）拉动，畜牧和水产产品温和增长。贫困人口从 2007 年的 700 万下降到 2011 年 300 万，贫困率由 50% 下降到 21%。2018 年，农业生产总值 54.78 亿美元，占 GDP 比重 23.5%，农业各领域对 GDP 的贡献：农作物占 58.1%，养殖业占 11.2%，水产业占 24%，林业占 6.7%。农业增加值超过国内生产要素成本，使得其具有一定的比较优势，这可以体现在农业出口的大幅度增长。农业的发展主要得益于海外市场的开拓、机械化程度的提高、农业信贷可获得性的增强、稻米加工私人企业的发展。但柬埔寨农业发展整体仍处于较低水平，未来合作需求主要体现在以下几个方面。

一是农业基础设施建设。中国在高标准农田建设、水利设施建设、农业生产区域结构管理、农业区划等方面具有人才和技术的优势，农业基础设施建设的投融资也积累较为丰富的经验。柬埔寨在这些方面仍有很大的提升空间，未来合作空间大。

二是农业新技术研发和推广。农作物产量增长主要依赖于农田增加，2005—2013年农田面积平均增长率为4.7%，特别是木薯种植面积，增加了128%。大米是柬埔寨出口创汇的主要来源之一，虽然生产率有所提高，但单位面积产量仍处于较低水平。2016年天然橡胶单产为1 143千克/公顷，略高于中国平均水平，远低于气候条件相似的越南、泰国和马来西亚。这些主要原因包括新品研发推广力度不够，栽培管理技术落后或缺失，农业生产标准体系不完善等。单位面积产出增长缓慢，玉米单产还出现下降的情况。中国农业经过最近四十年的发展，已经在这些方面取得较大的成功，可以通过技术输出、技术培训、科学家互访、共建实验室等形式，帮助柬埔寨国内农业机构加快研发速度，构建农业技术推广体系。

三是加工行业的产能合作。发展农产品加工业是当前农业行业主要任务之一。除了稻米，其他农产品加工业发展滞后，大部分农产品出口到相邻国家加工，在价值链中处于低端，没有参与到收获后价值链管理，如原料收购、储藏等。中国不少农产品加工业存在产能过剩或者原料供给不足的情况，如甘蔗压榨、天然橡胶初级产品加工、木薯淀粉等。加强产能合作，一方面有助于改善柬埔寨在全球价值链中的处境，另一方面可以提供就业岗位，解决农村富余劳动力的问题。

针对农业细分行业应该有侧重点，大田农业，主要侧重于优良品种培育、高效栽培措施、农业区划、病虫害防治技术、采收后储藏加工技术、土壤肥力提升；畜牧业，侧重于动物饲养实用技术、病害防控、繁育技术、公共卫生、养殖废弃物处理、畜牧经济社会学；渔业，侧重于水产养殖技术、水生资源管理和保护、水产经济社会学；林业，侧重于森林资源管理和保护、退化森林恢复和修复、森林社区管理；加工业，侧重于培育产品市场、加快发展农产品加工业，特别是食品加工和储藏。

2 中国-柬埔寨天然橡胶科技合作单位简介

2.1 中国热带农业科学院橡胶研究所

中国热带农业科学院橡胶研究所（Rubber Research Institute of Chinese Academy of Tropical Agricultural Sciences，RRI-CATAS），是中国唯一以天然橡胶为主要研究对象的国家级研究机构。其前身是1954年在广东省广州市成立的华南特种林业研究所，1958年迁移到海南儋州时下设橡胶系，1978年橡胶系更名为橡胶栽培研究所，2002年科技部、财政部、中编办联合下文，批准其更名为中国热带农业科学院橡胶研究所，简称热科院橡胶所。热科院橡胶所核定人员编制数843人，其中创新编制190人。当前岗位从业人员344人，所本级现有科技干部职工205人，其中，高级职称92人，研究生学历157

人，博士 69 人；有博士生导师 7 人，硕士生导师 28 人。拥有国家天然橡胶产业技术体系首席专家、天然橡胶产业技术体系岗位专家、享受国务院特贴专家、全国优秀科技工作者、农业农村部中青年有突出贡献专家、海南省十大杰出青年、海南省突出贡献专家、海南省“515 人才工程”第一层次与第二层次人选、海南省省委省政府直接联系重点专家和农业部农业科研杰出人才等各类高级专家 30 多人。热科院橡胶所作为中国天然橡胶产业技术体系依托单位，设有 12 个科研部门和 6 个管理机构，科研部门包括遗传育种、栽培与生态、生理与采胶、土壤农化、橡胶树木材综合利用等 11 个研究室及天然橡胶科技服务中心，另设有油棕研究中心。拥有国家橡胶树种质资源圃、国家橡胶树育种中心、国家天然橡胶产业技术体系、农业农村部橡胶树生物学与遗传资源利用重点实验室、农业农村部儋州热带作物科学观测实验站、省部共建国家重点实验室培育基地——海南省热带作物栽培生理学重点实验室、国家重要热带作物工程技术研究中心橡胶分中心等 8 个国家级和省部级重要科技平台。热科院橡胶所紧紧围绕天然橡胶产业发展中重大科学问题，根据国家经济发展对天然橡胶科技的重大需求，瞄准国际天然橡胶科技前沿，突出重点开展基础研究，大力开展应用基础研究，重点突破天然橡胶产业发展中基础性、全局性和前瞻性的重大科技问题和关键技术，为中国天然橡胶产业升级和可持续发展提供理论基础和技术支撑。经过半个多世纪的不懈努力，热科院橡胶所已经逐步发展成为一个综合科研实力较强、知名度较高的农业科研机构，取得科研成果 300 余项，获国家、部、省级成果奖 100 余项。在橡胶树北移栽培、橡胶树优良无性系的引进试种等领域取得了辉煌成就，获得国家最高科技奖励。目前在橡胶树遗传育种方法与技术、抗逆栽培、营养与施肥、采胶制度与技术、死皮防治等领域处于世界先进地位。这些成果的推广应用，有力地推动了中国天然橡胶产业的发展，取得了显著的社会经济效益，为中国天然橡胶事业做出了重大贡献。热科院橡胶所全体同人将秉承中国天然橡胶老一辈科研工作者无私奉献和刻苦钻研的精神，立足海南，面向全国，放眼世界，努力创建世界一流天然橡胶科技中心，为中国天然橡胶事业的发展而努力奋斗。

2.2 柬埔寨橡胶研究所

1955 年 7 月 26 日，柬埔寨橡胶种植者协会（Cambodian Rubber Planters Association，CRPA，法文名称 Association des Planteurs de Caoutchouc au Cambodge，APCC）决定成立一个橡胶研究自治部门（Section Autonome de Recherche sur le Caoutchouc），随后在此基础上于 1959 年 4 月 25 日正式成立柬埔寨橡胶研究所（Cambodian Rubber Research Institute，CRRI），位于磅湛省。1964 年，柬埔寨橡胶研究被移交给柬埔寨王国政府管理，随后被并入磅湛皇家大学。1970 年柬埔寨橡胶研究所活动由于内战而中断，1991 年柬埔寨橡胶研究所重新建立，作为橡胶种植园总局（General Directorate of Rubber Plantation，GDRP）管辖的一个部门。柬埔寨王国政府于 1997 年 10 月 17 日颁布了关于设立柬埔寨橡胶研究所作为半自治研究所的第 65 号次级法令。将其确认为拥有法人实体的半自治性质，农业部提供约 40% 的预算支持，剩余部分由研究所所属的胶园创收来支撑。2001 年，柬埔寨橡胶研究所在法国蒙彼利埃召开的国际橡胶研究与发展委员会（International Rubber and Development Board，IRRDB）理事会上获批加入该组织。2008 年，柬埔寨橡胶研究所国家橡胶标准实验室（National Specifications Laboratory，NSL）成立，成为第一个获得国际标准 ISO/IEC 17025：2005 认可的国家实验室。2009 年，NSL 被国际橡胶协会（International Rubber Association，IRA）确认为标准胶质量标准区域参考实验室。2017 年 11 月，柬埔寨橡胶研究所被确为橡胶伙伴关系研究平台（Hevea Research Platform in Partnership，HRPP）的成员。

在研究所及实验室的建立过程中，柬埔寨橡胶研究所得到了法国国际农业研究发展中心（CIRAD）的大量援助，与越南橡胶研究所、马来西亚橡胶局、中国热带农业科学院建立了联系与合作。柬埔寨橡胶研究所和法国国际农业研究发展中心都设有董事会，负责决定所层面的研究优先顺序，提出促进研究发展的措施。

2019 年，柬埔寨王国政府发布了 2019 年 9 月 25 日关于设立柬埔寨橡胶研究所为半自治研究所的第 145 号新次级法令。在管理和组织层面，柬埔寨橡胶研究所是一个半自治机构，受柬埔寨农林水产部（Ministry of Agriculture，Forestry and Fisheries MAFF）管辖，由柬埔寨经济和财政部（Ministry of Economy and Finance，MEF）提供财政支持。在领导和管理方面，柬埔寨橡胶研究所由董事会领导，董事会由 7 名成员组成，从各有关组织机构代表及橡胶园种植业主代表中挑选。具体构成是柬埔寨农业林业和渔业部代表（董事会主席）、经济和财政部代表、柬埔寨橡胶研究所所长、柬埔寨橡胶发展协会代表和柬埔寨橡胶研究所职工代表。柬埔寨橡胶研究所由一名所长和多名副所长进行管理，下设 7 个部门，即行政与人事部、规划和财务部、植物育种部、作物保护部、生理和采胶部、实验站和橡胶产品标准实验室。每个部门设一名主管、多名副主管。

2020 年，柬埔寨橡胶研究所总部位于柬埔寨金边市托尔科克区万谷湖宾努大道 59 号，其实验站位于柬埔寨特本克蒙省特本克蒙区奇柔梯皮乡第 32 村。柬埔寨橡胶研究所职工正式工作人员 43 人，聘用人员 20 人，工人和胶工 200 人。柬埔寨橡胶研究所职责：一是监督和完成柬埔寨橡胶所有研究和实验活动，以促进橡胶在所有领域的全面发展；二是参与所有提高橡胶质量和降低生产成本的技术工作；三是支持所有橡胶发展计划的实施，促进橡胶产业发展，对增殖苗圃和种苗圃进行认证；四是为小农和橡胶行业提供高质量的种植材料；五是提供橡胶质量评价分析的检测服务，颁发橡胶质量证书；六是研究与制定橡胶质量标准；七是提供技术培训，推广和转让技术。目前，柬埔寨橡胶研究所建立了种质圃，引进了国外大量的橡胶无性系；开展了育种研究，建立了大量的品系评比试验；开展了胶园间作研究；推广了一些国外引进的适合当地气候条件的新品种及胶园间作技术。

2.3　广东省农垦集团公司

广东省农垦集团公司（农垦总局）前身是华南垦殖局，这是在 1951 年特殊历史背景下根据党中央、国务院关于发展新中国天然橡胶事业的决策部署而成立的机构，叶剑英元帅任首任局长。1952年，政务院和中央军委抽调中国人民解放军2万多名官兵组建了2个林业工程师和1个独立团，参加华南垦殖局的橡胶垦殖事业。1957年改名为华南农垦总局，1958年改为广东省农垦厅，1969年改为广州军区生产建设兵团，1974年改为广东省农垦总局。1994年转为经济实体，成立广东省农垦集团公司，同时保留广东省农垦总局牌子，实行“一个机构、两个牌子”运作。

广东农垦是中央直属垦区，实行“部省双重领导、以省为主”“两块牌子、一个机构”的管理体制，农业农村部、财政部等中央部门和中共广东省委、省政府根据职责分工，对广东农垦进行领导、监督和管理。垦区现有土地面积342.55万亩，总人口38.93万人，其中国有单位在岗职工4.39万人，离退休人员8.55万人。广东省农垦集团公司（农垦总局）下辖湛江、茂名、阳江、揭阳、汕尾5个二级农垦集团公司（农垦局），47家国有农场，全系统共有企业292家（其中省农垦集团公司直接管理25家），分布在广东省内33个县（市、区）和北京、山东、海南、云南、安徽、广西，以及泰国、新加坡、柬埔寨、老挝、印度尼西亚、贝宁等国家。同时，拥有职业教育、医疗卫生、科研等事业单位84家，其中，广东农工商职业技术学院为广东省示范性高职院校和广东省高职教育一流院校建设单位，广东省农垦中心医院为国家三甲医院。

经过60多年的艰苦创业，广东农垦建成一批现代化的国有农场和天然橡胶、蔗糖、粮油、畜牧、乳业、剑麻等重要农产品生产基地，形成了组织化程度高、规模化特征突出、产业体系健全的独特优势，共培育了1家上市公司、12家国家及省级重点农业龙头企业。广东农垦主要从事国家战略资源和城市安全食品两大主业板块和一个支持板块。国家战略资源板块包括天然橡胶和剑麻产业，城市安全食品板块包括糖业、畜牧、乳业、粮油、果蔬等产业，支持板块包括商贸流通、金融服务、小城镇开发建设、酒店旅游等产业。

经过60多年的艰苦创业，广东农垦发展成为一二三产业融合发展、国内外市场同步开拓的现代农业企业集团，被列为广东省政府重点支持的大型骨干企业名单，是中国现代农业走出去发展的排头兵，是全国和广东省推进现代农业发展、实施乡村振兴的重要力量。

2.4 柬埔寨索菲克尼卡投资集团有限公司

柬埔寨索菲克尼卡投资集团有限公司（丘普胶园）（Sopheak Nika Investment Group Co.，Ltd）（Chup Rubber Plantation）总部位于金边市，在磅湛和磅通省拥有2个总面积达30 000公顷的胶园。董事长是奥克尼亚·马克·金洪先生（Mr. Oknha Mak Kimhong）和门·索菲克先生（Mr. Men Sopheak）。主要生产并出口柬埔寨标准胶（Cambodia Standard Rubber，CSR）5号、10号和20号胶，主要出口到越南、马来西亚和新加坡等国家。柬埔寨橡胶（CSR）又称颗粒橡胶，是根据橡胶的污垢含量、灰分、氮含量、挥发物含量等精确的技术参数，以及橡胶的华莱士塑性初值（PO）和塑性保持指数（PRI）等性能来分级的。10号柬埔寨标胶是使用最广泛的轮胎工业用胶，是由杯胶（也称为田间凝固胶）生产的。L 号柬埔寨标胶是另一种用天然乳胶制成的颗粒橡胶。这些产品纯度较高，价格也较高，主要用于高端精密橡胶制品。

3 中国 - 柬埔寨天然橡胶科技合作的背景

天然橡胶主要来自巴西橡胶树，是四大工业原料中唯一可再生资源，涉及 7 万多种工业制品，在国防装备和国民经济领域具有不可替代的作用。中国年消费天然橡胶 524 万吨，2019 年中国种植面积 115.70 万公顷，开割面积 77.00 万公顷，产量 81.23 万吨，平均亩产 70.33 千克。中国也是天然橡胶最大的进口国，年进口量超过 400 万吨。天然橡胶产业是柬埔寨农业的重要支柱产业和最大创汇产业，也是整个东南亚国家的重要产业。2019 年，柬埔寨种植面积 40.56 万公顷，开割面积 25.05 万公顷，产量 28.76 万吨，比 2018 年增产 30.7%，平均亩产 76.54 千克。柬埔寨是热带国家，气候资源丰富，橡胶种植业发展迅猛，中国企业也在柬埔寨开展橡胶种植与加工的布局，但柬埔寨橡胶科研技术水平较为落后，优良品种覆盖率较低，都是各自从邻国引进品种种植，没有经过适应性选择，栽培技术也直接引用品种来源国，也没有进行标准化，胶园管理措施相对滞后，初加工业发展落后，无法支撑柬埔寨橡胶种植业与初加工业的发展。中国橡胶在育种、栽培、割胶、土壤农化和加工领域均处在世界先进水平，但能否完全适应较典型的热带地区，直接支撑中国企业走出去仍然是中国橡胶科技面临的一个问题，也是促使中国橡胶科技走出去支撑中国企业在热带地区国家发展橡胶产业的一个原动力。此外，中国橡胶育种受气候的影响，授粉时节常有阴雨，不利于授粉，而柬埔寨气候适宜，利于橡胶杂交育种工作的开展。因此，中柬在橡胶科技方面存在优势互补和合作共赢的良好前景。

3.1 中国天然橡胶产业发展的现状和优势技术

中国天然橡胶产业起步于新中国成立初期的特殊历史时期，应国家战略而生、为国家使命而战。党中央历来重视天然橡胶产业，2015 年、2017 年和 2019 年中央一号文件均针对天然橡胶生产能力做出部署，《国家安全战略纲要》将天然橡胶与能源、矿产、水资源并列为国家战略资源。经过近 70 年发展，中国目前已成为世界第四大产胶国，年产生胶 82 万吨，实现了“从无到有”和“从有到大”的突破。目前，中国创新技术主要包括以下几个方面。

3.1.1 培育出了适合中国植胶区生长的橡胶树优良新品种

针对中国植胶区地处热带北缘的气候特征，通过长期选育种工作，培育出了一批适合中国植胶环境条件的橡胶树优良品种，如高产品种热研 73397、热研 879，胶木兼优品种热垦 628 和直立型品种热研 917 等。攻克了热研 73397 和热研 917 等橡胶树品种体胚苗规模化繁育技术的世界难题，并实现了批量化生产，目前已在海南、云南和广东等植胶区推广种植，较常规芽接苗产量提高 20%~30%，可提前 0.5~1 年割胶，经济效益较为显著。这些成果推动了中国天然橡胶种植业由引种试种阶段到自我培育阶段的转变。

3.1.2 建立了省工高效橡胶树割胶技术体系

根据中国植胶区橡胶树不同树龄阶段的生长和产胶生物学特性，开展了橡胶树省工高效割胶技术研发及其配套技术集成应用研究，创建了“减刀、浅割、增肥、产胶动态分析、全程连续递进、低浓度短周期、复方乙烯利刺激割胶”等具有中国特有的割胶生产技术体系。在中幼龄橡胶树使用低频、超低频割胶技术，人均产量及产值增幅达 50% 以上，显著降低了割胶生产环节的劳动力成本；老龄橡胶树使用乙烯气刺短线割胶技术，劳动生产率提高 80% 以上。此外，研发出了操作简便、轻巧省力的电动采胶机，使割胶技术难度和劳动强度大幅度降低，显著提高了割胶效率。

3.1.3 创新了天然橡胶初加工和新材料研制技术

通过天然橡胶组成、分子结构与性能关系的研究，初步开发了全乳胶质量一致性调控技术，生胶塑性初值（P0）、塑性保持率（PRI）、硫化胶拉伸强度、扯断伸长率、疲劳温升、屈挠疲劳寿命等性能指标均得到了大幅度提升。通过改性研究，初步突破了国产天然橡胶应用于航空轮胎和国防装备等高端领域的生产加工技术，有力推进了高端制造所需高性能天然橡胶的国产化进程。

3.2 柬埔寨天然橡胶产业发展的现状和存在问题

柬埔寨橡胶主产区在特本克蒙省、磅同省、拉达那基里省、磅湛省和上丁省。尽管是天然橡胶新兴种植国家，柬埔寨仅有橡胶加工厂 34 个，其中特本克蒙省 20 个，磅湛省 5 个，拉达那基里省 4 个。主要种植品种为 PB260、GT1、RRIM600、RRIV4、RRIV121 和 RRIV124，多从国外引进。柬埔寨橡胶栽培模式为株距 3 米 ×6 米，根据土壤情况设置机械化肥沟，间作柱花草、葛藤等植物，辅助移动灌溉和叶面肥混施系统。割制为 3 天一刀，乙烯利浓度 2.5%，每年涂 4 次。

柬埔寨由于割胶技术落后，橡胶树死皮率 15% 以上。割胶收入减少，胶工短缺。由于政府没有培训机制和培训能力，适合本国应用的天然橡胶生产技术成果少，缺少熟练割胶工人，小胶农的生产技术仍然落后，产量低，胶园死皮发生率居高不下。

4 中国－柬埔寨天然橡胶科技合作的目的与意义

4.1 中国－柬埔寨天然橡胶合作是落实国家“一带一路”倡议的重要举措

开展“一带一路”热带国家农业资源创新与利用合作，是落实国家“一带一路”倡议的重要举措。

2015 年 3 月，中国国务院授权国家发展改革委、外交部、商务部联合发布《推动共建丝绸之路经济带和 21 世纪海上丝绸之路的愿景与行动》，提出“开展农林牧渔业、农机及农产品生产加工等领域深度合作，积极推进水产养殖、远洋渔业、水产品加工、海水淡化、海洋生物制药、海洋工程技术、环保产业和海上旅游等领域合作”。2017 年农业部《“十三五”农业科技发展规划》中提出，要建成一批海外技术转移、示范服务基地，与“一带一路”沿线国家农业国际科技合作不断增强。

2016 年 12 月 24 日，科技部、国家发展改革委员会、外交部、商务部联合印发《推进“一带一路”建设科技创新合作专项规划》，实施热带农业“走出去”战略，明确“与沿线国家广泛开展作物种质资源联合收集与共享，共同开展橡胶、香蕉、木薯等特色作物种质创制与新品种选育推广”作为农业重点领域之一。提出要结合沿线国家的重大科技需求，鼓励中国科研机构、高等学校和企业与沿线国家相关机构合作，围绕重点领域共建联合实验室（联合研究中心）。

2017 年 5 月 14 日，国家主席习近平在“一带一路”国际合作高峰论坛开幕式上的演讲中指出，要将“一带一路”建成创新之路，创新驱动发展，加强生态环保合作，实现可持续发展目标。

2017 年，农业部、国家发展改革委员会、商务部、外交部等四部委联合发布的《共同推进“一带一路”建设农业合作的愿景与行动》。农业部部长韩长赋在全国农业对外合作工作会议上的讲话中亦指出，“要突出科技合作平台的功能性，立足农业联合实验室、试验示范基地和科技示范园区等载体，开展共同研发、技术培训、科研成果示范等活动”。

2018 年 4 月 13 日，习近平总书记在庆祝海南建省办经济特区 30 周年大会上指出，要支持海南建设全球动植物种质资源引进中转基地。

因此，围绕中国柬埔寨天然橡胶科技开展科技合作和联合攻关，互学互鉴，互利共赢，是落实国家“一带一路”倡议的有力举措。

4.2　加强“一带一路”中国 – 柬埔寨天然橡胶科技合作是推动国际热带农业资源和技术共享平台搭建的迫切需求

中国热区小，热带作物种质资源有限；世界热区大，生物多样性程度高，热带作物生物资源丰富。中国与热带国家在热带农业产业领域具有明显的互补性和广阔的合作空间。随着“一带一路”热带国家的人文交流与经贸往来日益频繁，各种有害生物相互传入的风险日益增大。充分利用种质资源多样性和双方科技优势，开展共性关键技术难题的联合研发与攻关，有利于打造热带国家农业产业技术共享体系，共同实现产业良性发展。同时，世界热区国家对热带作物产业和技术存在迫切需求，柬埔寨、越南、老挝、印度尼西亚、马来西亚、泰国、斯里兰卡、密克罗尼西亚、刚果（布）、冈比亚、萨尔瓦多等国家与中国热带农业合作密切，并提出热带作物产业领域的合作意愿。因此，帮助柬埔寨等热带国家解决天然橡胶科学技术问题，可缓解贫困和增加胶工收入；

同时也可充分开发与利用柬埔寨的天然橡胶资源，增进合作双方的互信基础，从而顺利搭建中国与“一带一路”热带国家的资源共享平台。

4.3 推进“一带一路”倡议下中国–柬埔寨天然橡胶科技合作可促进橡胶科技“走出去”和技术转移支点的形成

柬埔寨天然橡胶产业与中国相比，其技术力量和水平相对较弱，是实施“走出去”战略的重点区域。中国的热带农业技术在境外具有广泛的市场需求。在境外开展热带农业技术研究，既是响应国家政策支持，也是为走出去涉农企业提供本土化技术、促进热带农业技术转移转让的重要手段。热带农业技术向境外转移过程中，受自然条件差异等因素影响，可能会出现“水土不服”，为了保障技术在境外转移的效果。通过建立境外矮化授粉园、土壤诊断联合实验室和橡胶树种植示范基地，为中国热带农业生产技术在当地落地生根提供一个科技合作的平台。

4.4 强化“一带一路”倡议下中国–柬埔寨天然橡胶科技合作有利于提升中国在橡胶领域的影响力

“一带一路”热带国家也是世界热区农业和橡胶产业的主要生产国，在解决粮食安全、缓解贫困、提供营养和增加收入等方面发挥着至关重要的作用，但是各国也面临着品种种质退化、优质苗种短缺、科学技术开发力度不够、种植管理模式陈旧、受到气候变化威胁、技术示范与推广力度不够等制约产业可持续发展的问题，阻碍了缓贫脱贫、农村稳定发展和农民致富等工作。中国在橡胶树品系培育、苗种生产、栽培抚管、肥料开发、割胶技术、病虫害防控、加工与产品流通等全产业链的各个环节技术成熟，具有示范带动效应，进而不断扩大中国援外项目影响力。

第二章 中国－柬埔寨天然橡胶科技合作内容和方式

宋红艳 周建南 王翠翠 肖鑫丽 中国热带农业科学院橡胶研究所

1 中国－柬埔寨天然橡胶科技合作内容

中国－柬埔寨天然橡胶科技合作内容指基于“一带一路”倡议，在柬埔寨开展橡胶种质资源调查与评价、联合实验室建设和高产高效栽培技术示范的各项工作。具体分为橡胶树种质资源联合调查与评价、橡胶土壤与叶片诊断联合实验室科研平台共建与建设橡胶树种植示范基地三方面工作内容。

1.1 橡胶种质资源联合调查与评价

橡胶种质资源联合调查与评价主要工作内容是联合柬埔寨橡胶研究所，开展柬埔寨当地天然橡胶种质资源联合调查、收集与鉴定；对查明的优异、特色生物资源进行综合评价，提出资源保护、引进、交换与利用建议；搭建农业生物资源共享平台和数据库和建设矮化授粉园等。

1.2 橡胶土壤与叶片诊断联合实验室科研平台共建

橡胶土壤与叶片诊断联合实验室科研平台共建主要工作内容是与柬埔寨橡胶研究所合作，共建橡胶土壤与叶片诊断联合实验室，主要对联合实验室实施维修改造，进行仪器设备条件建设以及人员技术培训，建立土壤及植物营养分析技术体系，开展双边专家互访与交流，进行橡胶树营养诊断指导施肥技术的转移应用。

1.3 柬埔寨橡胶树种植示范基地

柬埔寨橡胶树种植示范基地主要工作内容是在柬埔寨建设橡胶树种苗示范基地建设和技术示范，橡胶树“死皮康”修复死皮基地和橡胶树高产高效示范基地建设三方面内容，技术示范和展示新品种、新技术，为中国企业走出去提供科技支撑。

1.4 合作实施方案

（1）通过多点、多区域的调查方法，对柬埔寨农艺性状优良橡胶树品种的产量及抗性数据进行收集，重点采集相关品种在当时的种植规模、分布范围，以及产量潜力数据。

（2）通过建立橡胶树优良品种及优异材料的试验示范基地，向柬埔寨推广中国的橡胶树优良新品种与新技术。

（3）考察调研柬埔寨橡胶树种植和生产、种苗培育技术等情况，就柬埔寨橡胶树种苗生产示范基地和高产示范基地建设等确定具体示范推广方案，分别与柬埔寨橡胶研究所和广垦（柬埔寨）农业科技有限公司签订《柬埔寨橡胶苗圃试验示范基地建设合作协议》。建立柬埔寨橡胶树良种良苗生产示范基地 15 亩，由王军副研究员等开展橡胶树育苗技术及质量控制技术培训 4 次，培训柬埔寨橡胶研究所科研人员和技术工人 130 人次以上，指导 15 亩育苗基地建设建成，指导培育橡胶树籽苗、芽接苗和筒苗等。

（4）根据前期达成的共识，由柬埔寨橡胶研究所提供实验室、研究基地等场所，提供必要的人员，协助中方开展相关工作。中方负责技术支持、联合制订实验室建设方案、仪器设备采购计划，提供相关设备，对柬方人员进行技术培训。赴柬埔寨及 IRRDB 成员国进行调研，明确实验室建设内容，完成中国 – 柬埔寨天然橡胶联合实验室建设总体实施方案和工作规划考察调研及设计。

（5）每年 1—3 月，进行年度项目内容和工作目标设定，项目启动；4—5 月，中方项目组专家成员到柬埔寨橡胶所实地调研，了解基地基本情况及实验室建设需求；6—7 月，邀请柬方人员来华访问中国热带农业科学院橡胶研究所等单位，开展联合研究及技术培训内容，初步提出实验室建设规划，购置部分仪器设备；8—9 月，邀请柬埔寨橡胶所科研人员来华进行实验培训，参加 IRRDB 相关研讨会议，了解领域研究进展；10—12 月，制订完善基地和实验室建设方案，调整完成仪器设备采购计划，中方人员到柬埔寨进行指导，完善基地和实验室建设方案，开展实验室建设工作。

1.5 合作预期目标

（1）联合探明“一带一路”重要热带国家主要热带作物种质资源地理分布和富集程度，利用已有国家热带作物种质资源圃和保存中心，收集、保护和保存特色热带作物种质资源；构建“一带一路”热带国家特色热带作物种质资源鉴定评价技术体系，评价和共享热带作物种质资源。

（2）共建中国 – 柬埔寨天然橡胶联合实验室，搭建热带农业科技支撑与服务共享平台。建立柬埔寨橡胶树良种、良苗生产与种植示范基地，开展天然橡胶等热带作物新品种、新技术熟化与试验示范。其中，中国热带农业科学院具体开展热带农作物种质资源收集调查与技术示范推广、病虫害防治技术示范与生防资源联合调查、热带农业科技交流合作与培训等任务。

2　中国 – 柬埔寨天然橡胶科技合作方式

以中国热带农业科学院橡胶研究所为主导，针对柬埔寨橡胶技术的实际需求，共同探讨策划合作内容和方案，遴选一批中国天然橡胶科技专家执行项目，与中国走出去（在柬埔寨的）企业及柬埔寨橡胶研究所共同进行种质资源收集、实验室建设、先进橡胶栽培生产技术示范和技术培训。

2.1　天然橡胶科技“走出去”专家和技术

针对合作内容和方案的需求，中国热带农业科学院橡胶研究所遴选了一批天然橡胶科技专家执行天然橡胶“走出去”科技服务工作。这些专家年富力强、经验丰富，是中国天然橡胶多个领域的技术专家，具有理论基础扎实、实践经验丰富等特点。

2.1.1　橡胶树“死皮康”死皮康复技术

“死皮康”是中国热带农业科学院橡胶研究所研制的用于防控橡胶树死皮病的系列试剂，技术专家为王真辉副研究员。具有如下特点：① 橡胶树死皮康复营养剂采用液体制剂树干喷施与胶状制剂割面涂施结合的方法使用；② 橡胶树死皮康复缓释颗粒采用根部条沟施与割面涂施胶状制剂相结合的方式使用。

使用方法有以下 3 种。① 胶状制剂树干涂施，配合缓释颗粒根施，轻刮割线上下 20 厘米范围内粗皮，去除粗皮与杂物，用毛刷将死皮康 I 均匀涂抹在割线上下 20 厘米树皮上（涂满整个清理面，以液体不下滴为准）。一瓶（0.5 升）每次能涂约 25 棵树。该剂型不需要稀释，直接使用，每个月涂 3 次，连续涂 2 个月。② 缓释颗粒条施，在行间正对植株，距其 1.5~2 米处，挖开约 1 米长、10 厘米宽、15 厘米深的条沟，施入后盖土。首次施入 0.125 千克 / 株，4 个月后，可根据植株死皮恢复情况追施一次。首次施入时间 4—5 月，追施时间 8—9 月。可以在施用前两星期（14 天）提前开好施肥沟，并用树叶或杂草覆盖；追施肥的位置与第一次施肥的位置应该对称（以树为参照)。③ 液体喷施：取 1 瓶营养剂（1 升），加水到 40 升，搅拌均匀。将配制好的营养剂均匀喷到距地面 1.8 米以下的树干及树头。每棵树喷 1 升配制好的营养剂。注意在喷营养剂前，先清理距地面 1.8 米树干爆裂粗皮。每个月喷 3 次，连续喷 3~4 个月。

2.1.2　橡胶研究所充电式锂电旋切采胶机 4CJX–303B 电动胶刀技术

4CJX–303B 电动胶刀充电式锂电旋切采胶机是中国热带农业科学院橡胶研究所研制的割胶新设备，技术专家为高宏华副研究员。具有如下特点：① 割胶速度快，每割一株树大约耗时 6~8 秒；② 产量有保障，刀片旋转一次完成一次切割，不来回摩擦乳管，有利于排胶 ，且深度合适，产量有保证；③ 设有控制深度的控深环，胶工易操作，不容易伤树；④ 设有控制耗皮的控制器，耗皮控制较好；⑤ 胶工受训时间缩短，使用传统胶刀，胶工需要 20 天以上培训时间，才能上树位割胶，使用旋切式采胶机，胶工仅需 2~3 天时间培训，即可掌握割胶技术要领，并上树位割胶；⑥ 割胶时不需要眼睛紧紧盯着刀尖，只需胶工扶稳胶刀，轻轻推拉便可一气呵成完成割胶，轻便省力，大幅降低割胶劳动强度和对眼力的要求，老花眼也可以割胶。

2.1.3 橡胶树高效割面营养增产素

橡胶树高效割面营养增产素是由中国热带农业科学院橡胶研究所研制出的系列新产品，技术专家为高宏华副研究员。具有如下特点：① 提高了橡胶产量，延长胶树经济寿命；② 依据橡胶树营养生理和产排胶特点，开展了钼、锌、硼等微量元素和赖氨酸等有机养分的作用机理和效果研究，研制出橡胶树新型增产素；③ 产品应用平均提高产量 5% 以上，割胶用工减少 30% 以上，死皮发病率相对降低 2/3，耗皮量减少 20%~40%，胶树经济寿命延长 1/4~1/3（8~10 年）；④ 使用方法为 3 天一刀割制，1/2 树围采胶，施用乙烯利浓度为 1%，15 天为一个涂药周期，年涂施 20 次，每株次涂药量 2 毫升，用毛刷涂割面。

2.1.4 橡胶研究所 4GXJ-2 型锂电无刷电动割胶刀

“橡丰牌”4GXJ-2 型锂电无刷电动割胶刀是中国热带农业科学院橡胶研究所和中国热带农业科学院农业机械研究所联合研制出的快速割胶仪器，技术专家为曹建华研究员。具有如下特点：① 适用性强，对称刀片结构设计，可满足阴、阳刀，高低线割胶需求，可开水线、新割线，可推割和拉割，不使用动力，可秒变传统刀；② 轻便舒适，人体工程学设计，主机重量 360g；③ 效果良好，老胶线不缠刀，下收刀整齐、割线平顺，无树皮碎屑污染胶水；④ 减少伤树，割胶深度和厚度由机械控制并可调节，有效减少人为操作不当的伤树；⑤ 无级调速，可根据树龄、割制、耗皮量不同需求，选择合适动力转速；⑥ 培训节本，操作简单易学，新胶工经 3~4 天培训即可上岗，大幅节约培训成本；⑦ 省工高效，割胶前基本不用手撕老胶线割胶，有效提升效率，一键式操作，熟练使用后 5~10 秒完成单株割胶作业；⑧ 续航力强，进口电芯，电池性能稳定、续航能力强，4 000 毫安容量，满电可完成 600~800 株胶树割胶；⑨ 功能模块化，整机按功能模块化设计，大大降低了维修技术难度，一个模块损坏，快速拆卸更换，大幅节约维修成本与时间；⑩ 降低双难，大幅降低割胶技术难度和胶工劳动强度，割胶作业由专业型转变为大众型。

阶段性成果和自主知识产权情况：本胶刀受中国国家专利（ZL 201810784082.1、201821134332.9），外观专利（ZL 201830746160.X）保护。

2.1.5 橡胶研究所干胶含量测定仪

干胶含量测定仪是中国热带农业科学院橡胶研究所研制的快速测量乳胶干胶含量的仪器，技术专家王纪坤副研究员。具有如下特点：① 干胶含量测定仪可快速智能测定橡胶乳胶的干胶含量，单次测量时间在 10 秒钟内实现橡胶乳胶的干胶含量数字化；② 本仪器利用橡胶乳胶中的水分子、固型物、干胶在不同温度下对微波的不同反应进行测量，运用计算机进行快速修正计算，得出正确的测量结果；③ 本仪器运用计算机控制波导振荡器辐射出固定频率、固定强度且与被测样品相匹配的微波；④ 本仪器运用先进的数字技术直观地显示出正确的测量结果；⑤ 最大限度地减少对原料的浪费；

⑥ 仪器执行标准 Q/AELE 001-2012；⑦ 计量检定规程：JJG 891-95 电容法和电阻法谷物水分测定仪检定规程；⑧ 型式批准证编号：2014C103-43。

2.1.6 橡胶研究所籽苗芽接技术

橡胶树籽苗芽接技术是中国热带农业科学院橡胶研究所研制的一种芽接育苗技术，其基于橡胶种子营养和提前芽接，缩短了砧木生长期从而缩短了芽接苗育苗期，获得小型化的苗木，技术专家王军副研究员。具有如下特点：① 籽苗芽接基于橡胶种子营养和提前芽接，缩短了砧木生长期；② 籽苗芽接缩短了芽接苗育苗期，降低了育苗生产成本；③ 籽苗芽接获得小型化的苗木，降低劳动强度。

芽接技术注意事项：① 从沙床拔出 2~3 周龄的实生苗后，清洗实生苗的根部并把实生苗放入盛有水的容器中；② 芽接时需确保种子未脱落，芽接刀锋利，芽接口未被胶水污染以及叶痕完整；③ 芽接后需及时把芽接苗的根系放入盛有水的容器中；④ 芽接结束的当天，需及时将芽接苗移栽到育苗袋 / 筒中，并让芽接口在两周内不要碰到水；⑤ 籽苗芽接育苗棚应有遮阴防雨功能。

芽接技术产品主要技术参数：① 所需种子的数量是拟育苗株数的两倍；② 1 公顷可以培育 12 万株袋育籽苗；③ 育苗袋的数量是拟育苗株数的 1.3 倍；④ 育苗袋平放的长宽厚尺寸应大于 33 厘米 ×15 厘米 ×0.05 厘米；⑤ 籽苗芽接的芽条茎粗在 0.5~1.5 厘米；⑥ 培养基质配比为表土：腐熟有机肥：过磷酸钙 =（70~90）:（10~30）:1；这些材料分别过筛，然后混匀、堆沤，大约的培养基质重量（吨）= 拟育苗株数 ×0.006 吨 / 袋；⑦ 沙床的高度为 15 厘米，长度和宽度根据实际需求情况而定。

2.1.7 橡胶树轻简化栽培技术

橡胶树轻简化栽培技术是中国热带农业科学院橡胶研究所针对近年来劳动力成本节节攀升，急需省工高效技术的需要研发出的新型栽培技术，技术专家王纪坤副研究员。具有如下特点：① 橡胶树非生产期省工轻简覆盖采用棉纺材质覆盖布（毛毡）可降解生态膜、塑料材质防草布（普通防草布）和杂草盖胶头等多种处理方式；② 覆盖结合缓效肥料棒轻简化施肥管理技术，可施用长效缓释棒肥 + 复合肥 + 有机肥，或采取施用尿素 + 复合肥 + 有机肥和杂草覆盖 + 尿素 + 复合肥 + 有机肥等多种模式。

技术应用效果：① 可降解生态膜能够高效防控杂草生长，除草用工时间仅为对照的 15%，降低劳动强度，节省除草用工，提高 85% 的生产效率；② 塑料材质防草布能够有效预防杂草生长，锄草用工时间仅为对照的 25.8%，节省田间锄草用工，提高约 75% 的生产效率；③ 降解生态膜和塑料材质防草布两种覆盖模式地表及地下土壤温度均低于对照，土壤含水量均高于对照，表明两种覆盖模式能够起到保湿隔温的作用；④ 两种覆盖处理的橡胶树土壤有机质低于对照；⑤ 施用棒肥处理的土壤全钾含量高于正常施肥处理，而全氮含量低于正常施肥处理，全磷含量差异不显著；⑥ 各处理对橡胶树生长无影响。

2.1.8 橡胶树缓控释配方肥技术

橡胶树缓控释配方肥是中国热带农业科学院橡胶研究所根据橡胶树养分吸收规律，

基于区域土壤供肥特性研制出的专用肥料，技术专家林清火研究员。具有如下特点：①将包膜肥料按照一定比例与尿素、氯化钾等掺混而成；②橡胶树缓控释配方肥可控制肥料养分释放速率，使养分释放速率与作物养分需求相匹配，最大限度地利用养分资源，满足作物养分需求；③它是物化测土配方施肥理论和技术的新型肥料产品，可提高肥料利用效率，减少农业面源污染。

2.1.9 橡胶树营养诊断指导施肥技术

橡胶树营养诊断指导施肥是目前天然橡胶生产的重要措施之一，依据研究得到的胶园土壤养分和橡胶树叶片养分含量诊断指标进行施肥推荐，技术专家王文斌副研究员。具有如下特点：①按照橡胶树营养诊断技术规程进行胶园土壤和叶片采样分析，得出土壤养分和橡胶树叶片养分含量；②根据橡胶树叶片中养分含量与养分间的比值，与生长良好、产量正常的橡胶树叶片营养诊断指标比对衡量；③参考橡胶园土壤养分状况，并根据橡胶树施肥历史及养分间的拮抗关系，提出橡胶树氮、磷、钾、钙、镁等营养元素肥料的施用量。

技术应用效果：橡胶树营养诊断指导施肥技术，能及早发现所亏缺的营养元素，及时补充肥料，促进橡胶树的快速生长，增加胶乳产量和提高品质；可以减少施肥次数，提高肥料利用率，保护生态环境。

2.2 为“走出去”企业和外国企业进行培训

在与柬埔寨橡胶研究所合作之外，中国天然橡胶科技专家积极服务国家“走出去”企业广垦“柬埔寨”农业科技有限公司和柬埔寨索菲克尼卡投资集团有限公司。针对企业在品种选择、种苗繁育、营养诊断和割胶技术等领域的需求，在国外现场培训具有问题针对性，可以及时发现和解决问题，对当地企业管理人员和技术工人的技术水平提升具有重要作用。

2.3 邀请柬埔寨科技管理人员在中国进行培训

在国外开展技术培训虽具有及时性、时效性的特点，但囿于中国专家培训时长的限制，缺乏系统性。为解决这一问题，热科院橡胶所邀请柬埔寨橡胶研究所科研人员和“走出去”企业管理与技术人员到海口创新科技大楼和儋州基地开展长期技术培训和技术指导，充分利用良好的科研条件和技术条件，取得了良好效果。

2.4 云在线培训

2020年度，受新冠肺炎疫情的影响，科技人员无法赴国外进行技术培训，国外专家来华受阻。为了克服以上困难，热科院橡胶所科技人员充分利用微信、ZOOM和腾讯会议等平台开展在线技术培训，由热科院橡胶所科技人员在基地现场操作，拍成连续图片和视频后通过网络传给外方相关科技人员，取得了良好效果。

2.5　修订柬埔寨技术手册和技术标准

由于柬埔寨政府缺乏技术培训能力，目前仅有 1993 年版的栽培技术手册。针对这一问题，在示范基地建设建成的基础上，结合中国颁布的相关技术标准，拟在柬埔寨推广示范中国天然橡胶技术相关标准。

表 2–1　拟在柬埔寨推广示范的中国天然橡胶技术相关标准汇总

序号	标准编号	标准名称	发布部门	实施日期	状态
1	DB46/T 219—2012	橡胶树小蠹虫防治技术规范	海南省质量技术监督局	2012-05-18	现行
2	DB532800/T 10—2019	橡胶树籽苗芽接苗生产技术规程	西双版纳傣族自治州市场监督管理局	2019-12-01	现行
3	DG5328/T 10—2016	橡胶树籽苗芽接苗生产技术规程	云南省农垦总局	2016-08-15	现行
4	GB/T 17822.1—2009	橡胶树种子	国家质量监督检验检疫总局	2009-12-01	现行
5	GB/T 17822.2—2009	橡胶树苗木	国家质量监督检验检疫总局	2009-12-01	现行
6	GB/T 29570—2013	橡胶树叶片营养诊断技术规程	国家质量监督检验检疫总局	2013-12-06	现行
7	HG/T 4346—2012	涂料用氯化橡胶树脂	工业和信息化部	2013-03-01	现行
8	NY/T 1088—2006	橡胶树割胶技术规程	农业部	2006-10-01	现行
9	NY/T 1089—2015	橡胶树白粉病测报技术规程	农业部	2015-12-01	现行
10	NY/T 1314—2007	农作物种质资源鉴定技术规程　橡胶树	农业部	2007-07-01	现行
11	NY/T 3195—2018	热带作物种质资源抗病虫鉴定技术规程　橡胶树棒孢霉落叶病	农业农村部	2018-06-01	现行
12	NY/T 3197—2018	热带作物种质资源抗病虫鉴定技术规程　橡胶树炭疽病	农业农村部	2018-06-01	现行
13	NY/T 3323—2018	橡胶树损伤鉴定	农业农村部	2019-06-01	现行
14	NY/T 3518—2019	热带作物病虫害监测技术规程　橡胶树炭疽病	农业农村部	2020-04-01	现行

（续表）

序号	标准编号	标准名称	发布部门	实施日期	状态
15	NY/T 607—2018	橡胶树育种技术规程	农业农村部	2019-06-01	现行
16	NY/T 688—2018	橡胶树品种类型	农业农村部	2019-06-01	现行
17	NY/T 1686—2018	橡胶树育苗技术规程	农业农村部	2019-06-01	现行
18	NY/T 2166—2012	橡胶树苗木繁育基地建设标准	农业部	2012-09-01	现行
19	NY/T 2167—2012	橡胶树种植基地建设标准	农业部	2012-09-01	现行
20	NY/T 2184—2012	农作物优异种质资源评价规范　橡胶树	农业部	2012-09-01	现行
21	NY/T 221—2016	橡胶树栽培技术规程	农业部	2017-04-01	现行
22	NY/T 2250—2012	橡胶树棒孢霉落叶病监测技术规程	农业部	2013-03-01	现行
23	NY/T 2259—2012	橡胶树主要病虫害防治技术规范	农业部	2013-03-01	现行
24	NY/T 2263—2012	橡胶树栽培学　术语	农业部	2013-03-01	现行
25	NY/T 2667.1—2014	热带作物品种审定规范　第1部分：橡胶树	农业部	2015-01-01	现行
26	NY/T 2668.1—2014	热带作物品种试验技术规程　第1部分：橡胶树	农业部	2015-01-01	现行
27	NY/T 2749—2015	植物新品种特异性、一致性和稳定性测试指南　橡胶树	农业部	2015-08-01	现行
28	NY/T 2810—2015	橡胶树褐根病菌鉴定方法	农业部	2015-12-01	现行
29	NY/T 2811—2015	橡胶树棒孢霉落叶病病原菌分子检测技术规范	农业部	2015-12-01	现行
30	NY/T 2814—2015	热带作物种质资源抗病虫鉴定技术规程　橡胶树白粉病	农业部	2015-12-01	现行
31	NY/T 3006—2016	橡胶树棒孢霉落叶病诊断与防治技术规程	农业部	2017-04-01	现行
32	Q/HNRN	橡胶树死皮康复营养剂	海南热农橡胶科技服务中心	2015-04-15	现行

表 2-2　拟协助柬埔寨制定天然橡胶技术相关标准

序号	名称
1	橡胶树“死皮康”死皮防控技术
2	充电式锂电旋切采胶机4CJX-303B电动胶刀
3	橡胶树高效割面营养增产素技术
4	4GXJ-2型锂电无刷电动割胶刀技术
5	橡胶树干胶含量测定技术
6	橡胶树籽苗芽接技术
7	橡胶树轻简化栽培技术
8	橡胶树缓控释配方肥技术
9	橡胶树叶部病害鉴定技术
10	中国天然橡胶初加工技术
11	橡胶树营养诊断指导施肥技术

第三章　橡胶树育种基地建设和成果

位明明　曾霞　胡彦师　张晓飞　李维国　中国热带农业科学院橡胶研究所

1　柬埔寨矮化授粉园建设与维护管理

1.1　柬埔寨矮化授粉园建设

众所周知，中国植胶环境与东南亚各国相比差距较大，风害、寒害等灾害频发，在橡胶树杂交组配过程中花期不遇、结实率差等问题突出。此外，中国橡胶遗传距离小、遗传多样性低已成为制约中国橡胶产业发展的关键因素，需要不断地从东南亚各国引进种质资源，以增加中国的橡胶树遗传多样性，从而更好的为橡胶树育种服务。因此，针对柬埔寨和中国橡胶产业发展存在的关键问题，联合开展矮化授粉园的维护、杂交授粉、种质创制，以及新品种选育品种等工作，将有助于充分利用柬埔寨良好的生态环境和种质资源条件，加快橡胶树种质资源创新利用和选育种研究进展。

在前期合作的基础上，项目组专家了解到柬埔寨橡胶研究所已在其磅湛试验站建立了 3.0 公顷包含 16 个品种的矮化授粉园，由于疏于管理，利用效率低下。为了提高矮化授粉园的树体管理、促进橡胶树开花、提高选育种效率，经双方讨论同意，中国热带农业科学院橡胶研究所与柬埔寨橡胶研究所签订了育种科研委托协议，联合开展矮化授粉园的管理与杂交授粉工作。

根据协议规定，双方共同致力于橡胶树资源收集、杂交授粉，以及系比试验的开展，获得和选出的育种材料，双方享有共同利用的权利，未经双方许可，不得提供给第三方；同时，合作产生的科研成果和知识产权，归各产生方共有，具体的共有方式、份额，按具体贡献大小确定。

1.2　柬埔寨矮化授粉园的矮化管理措施

矮化授粉园的建设与维护管理主要包含了以下几个方面的内容：水泥柱安装，无性系名称标记，矮化授粉园的行间翻耕和田间管理，修枝、树体打顶、修枝后涂抹凡士林，以及施肥管理等多项内容。

1.3 柬埔寨矮化授粉园种植情况

矮化授粉园种植品系分布见表 3-1。

表 3-1 矮化授粉园种植品系分布

种植时间：2013年6月
种植面积：3.00 公顷

W

C1	C2	C3	C4	C5	C6	C7	C8
CDC312	FDR4575	FDR5788	FDR5665	PMB1	RRIM712	RRIM600	RRIC100
B1	B2	B3	B4	B5	B6	B7	B8
RRIM600	PMB1	RRIC100	PD235	IRCA130	FDR5788	PR107	IRCA230
A1	A2	A3	A4	A5	A6	A7	A8
PR107	IRCA130	IRCA230	RRIM712	FDR5788	PB330	GT1	FDR5665
C9	C10	C11	C12	C13	C14	C15	C16
PR107	PB330	PB260	PB235	PB217	IRCA230	IRCA130	GT1
B9	B10	B11	B12	B13	B14	B15	B16
FDR4575	PB217	GT1	PB330	FDR5665	RRIM712	PB260	CDC312
A9	A10	A11	A12	A13	A14	A15	A16
RRIC100	PB260	PMB1	RRIM600	CDC312	PB235	FDR4575	PB217

2 柬埔寨橡胶品种收集圃的建设与维护管理

柬埔寨与越南、泰国、老挝接壤。目前，在柬埔寨边境地区已种植了来自越南和泰国的优良品系，通过采集这些品系的产量及抗性数据，可以进一步了解它们的适应范围和种植区域，从而更好地为资源引进和橡胶树育种服务，加快橡胶树种质资源创新利用和选育种进程。根据双方的育种需求，中柬双方在柬埔寨特本克蒙省试验站建立起了一个面积为 5~10 亩的橡胶树品种资源收集圃，共同开展橡胶树优质资源的收集、保存和整理工作。

2.1 柬埔寨橡胶品种收集圃建设

根据协议要求，柬方无偿提供橡胶品种收集圃所需的场地，负责品种收集圃的日常管理与维护，并编制详细的经费预算给中国热带农业科学院橡胶研究所，中国热带农业科学院橡胶研究所则提供相应的经费对种质收集圃的建设及维护予以支持。

在前期走访和调研的基础上，与柬埔寨橡胶研究所共同商讨种质资源收集联合考察工作方案，确定收集重点区域和收集保存方法，通过联合考察，摸清柬埔寨国内的资源丰富度、优特异资源分布状况、资源的农艺和抗性表现等；建立橡胶树种质资源的保存基地，并对收集的资源进行扩繁入圃，开展入圃资源的基本信息登记和植物学形态鉴定；完成柬埔寨橡胶树品种资源数据信息的收集和整理工作，共同建立橡胶树资源共享数据库。

2.2 品种资源收集

柬埔寨橡胶品种收集圃的收集与整理工作内容包括无性系材料的选择、芽接准备工作、芽条编号和芽接材料记录等。目前，已在柬埔寨拉达那基里省、上丁省、柏威夏等多个省份收集到KV4、RRIV4、RRIV124、PB280和RRIC121共5个橡胶树抗逆、高产无性系，具体收集整理情况见表3–2。

表3–2 品种资源情况

序号	资源名称	资源特性	引进份数	引进人	接收人	采集地点	保存地点
1	RRIV4	高产	2	Chetha	张晓飞	柬埔寨拉达那基里省	柬埔寨橡胶研究所
2	RRIV121	高产	2	Chetha	张晓飞	柬埔寨上丁省	柬埔寨橡胶研究所
3	RRIV124	高产	2	Chetha	张晓飞	柬埔寨柏威夏省	柬埔寨橡胶研究所
4	PB280	高产	2	Chetha	张晓飞	柬埔寨柏威夏省	柬埔寨橡胶研究所
5	KV4	抗逆高产	2	Chetha	张晓飞	柬埔寨柏威夏省	柬埔寨橡胶研究所

3 品种调查

应柬埔寨橡胶研究所的邀请，中国热带农业科学院橡胶研究所周建南研究员、王立丰研究员、王真辉副研究员、胡彦师副研究员、高宏华副研究员、罗雪华助理研究员和位明明助理研究员7位同志于2019年4月22日至5月3日赴柬埔寨执行“一带一路”国家热带农业资源联合调查与评价项目（柬埔寨矮化授粉园及种质资源收集保存基地建设）任务。此次出访的目的是签订2019年合作协议，商议矮化授粉园及种质资源收集保存基地建设，以及赴柬埔寨橡胶主产省区开展橡胶主栽品种区域配置、表现与生产现状实地调研任务。现将出访与品种调研情况报告如下。

3.1 品种调查的目的和意义

柬埔寨天然橡胶产业发展迅猛，2017年种植面积达43万公顷。由于其国内天然橡胶领域的研究开发及科技创新能力薄弱、生产与管理技术落后等因素，严重制约了该产业的进一步发展，急需援助。目前，在天然橡胶产业发展方面，柬埔寨面临着橡胶优良品种匮乏，产业效益有待于提高等诸多问题；而中国则面临着橡胶遗传距离小、遗传多样性低等瓶颈问题。针对柬埔寨和中国橡胶产业发展存在的关键问题，依托中国热带农业科学院橡胶研究所的育种技术和人才优势，融合柬埔寨的种质资源优势，联合开展新种质创制、新品种选育和应用示范，可以有效提升橡胶对中国热区和柬埔寨支柱产业和农民增收的贡献率，双方实现互利共赢。

3.2 调查方法

采用典型取样的样地调查法，记录样地所在位置和生境因子，包括海拔、坡向、坡度、坡位、土壤类型及样方周围情况等。针对样本数量庞大的野外橡胶林调查，调查组采用了抽样调查以反映总体橡胶林的基本信息，将涉及调查的对象和内容随机抽样。确定调查样本后按照《橡胶园资源价值调查评价技术规范》规定的调查方法对调查项目进行逐项调查、记录。调查时采用逐株调查法，测量林段所有样本植株的相关指标。同时，根据与橡胶园价值评价的重要程度分别设置了茎围大小、树皮厚度、品种和割胶制度等核心评价指标，其中茎围采用软尺或皮尺测量离地 1 米处橡胶树干的周长；树皮厚度采用测皮器测量离地 1 米处原生皮的厚度；割胶制度参照《橡胶树割胶技术规程》规定的规范模式进行调查。

3.3 品种调查的主要活动

代表团首先访问了位于特本克蒙省的柬埔寨橡胶研究所试验站，并在试验站与柬埔寨橡胶研究所所长 Mak、育种研究室主任、栽培研究室主任，以及其他科室负责人深入进行了交流。接着，双方在 2018 年合作的基础上，对 2019 年相关合作协议进行了商议，并对主要合作内容（柬埔寨矮化授粉园及种质资源收集保存基地建设、割胶与死皮防控示范基地，以及土壤肥料联合实验室建设）的细节进行了修订。最后，在互惠互利的基础上双方就 2019 年相关合作内容签订了协议，指明了今后的研究重点与合作方向。

（1）在柬埔寨橡胶研究所育种研究室负责人 Phean Chetha 和 Rath Sethy 的陪同下，代表团一行于 2019 年 4 月 22—29 日期间访问了柬埔寨东北部的拉达那基里省、上丁省、以及柏威夏省，并就相关省份橡胶主栽品种的分布、栽培模式、割胶现状以及相关品种特性进行了实地调查。在以上 3 个省份代表团分别与不同区域具有代表性植胶公司的负责人和小农场主就该地区橡胶品种配置、植胶状况、乙烯利刺激浓度、施肥状况以及田间管理措施等生产实际问题进行了深入交流探讨，并提出了相关建议及改进措施，具体访问地点与调查样点如下。

2019 年 4 月 22—23 日，蒙多基里试验站项目协议谈判；

2019 年 4 月 24—26 日，拉达那基里省资源调查；

2019 年 4 月 27—29 日，上丁省资源调查；

2019 年 4 月 27—29 日，柏威夏省资源调查。

样点 1 小农场主

地点 北纬 13.67°，东经 107.31° ，海拔 262.9 米。

主要栽培状况 面积6.0公顷，株行距3米 ×6米，红壤，不施肥，产量GT1>PB260（表3–3）。

表3–3 主要栽培状况（样点1）

品系	定植年份	开割年份	茎围大小及树皮厚度（mm）	割制
GT1	2010	2016	49(7)；57(8)；47(9)；60(8)；48(7)；46(7)；44(7)；56(8)；50(8)；54(9)；53(9)；50(8)；52(8)；53(9)；48(7)	S/2 d3+2.5ET；11次/年
PB260	2010	2016	54(8)；49(9)；50(7)；46(7)；47(8)；48(7)；45(8)；43(7)；43(7)；49(8)；49(8)；49(8)；48(8)；44(7)；50(9)	S/2 d3+2.5ET；11次/年

样点2 小农场主

地点 北纬13.74°，东经107.42°，海拔244.6米。

主要栽培状况 面积20.0公顷，株行距3米 ×6米，红壤，不施肥，GT1在抗旱与白粉病抗性方面比其他品系（表3–4）。

表3–4 主要栽培状况（样点2）

品系	定植年份	开割年份	茎围大小及树皮厚度（mm）	割制
GT1	2011	2017	60(8)；48(7)；48(7)；56(7)；46(7)；53(8)；54(7)；59(8)；48(7)；60(9)；54(8)；49(7)；56(8)；46(7)；50(7)	S/2 d3+2.5ET；11次/年

样点3 小农场主

地点 北纬13.67°，东经107.36°，海拔217.09米。

主要栽培状况 面积2.5公顷，株行距3米 ×6米，红壤，不施肥，产量GT1<PB260（表3–5）。

表3–5 主要栽培状况（样点3）

品系	定植年份	开割年份	茎围大小及树皮厚度（mm）	割制
PB260	2012	2018	50(7)；49(7)；50(7)；48(7)；53(7)；47(7)；47(7)；49(7)；49(8)；50(7)；48(7)；51(7)；49(8)；45(7)；52(7)	S/2 d3+2.5ET；11次/年

样点4 越南橡胶集团在柬胶园

地点 北纬13.67°，东经107.30°，海拔246.8米。

主要栽培状况 主要种植品系为PB260、GT1、RRIV4、RRIV121、RRIV124，其中PB260与RRIV124表现较好。

样点 5 小农场主

地点 北纬 13.71°，东经 107.15°，海拔 345.69 米。

主要栽培状况 面积 10.0 公顷，株行距 3 米 ×6 米，红壤，不施肥，其中 GT1 种植面积 8.0 公顷，产量表现好；RRIV4 种植面积 1.0 公顷，死皮发生率较重（表 3–6）。

表 3–6 主要栽培状况（样点 5）

品系	定植年份	开割年份	茎围大小及树皮厚度（mm）	割制
GT1	2009	2015	65(8)；64(8)；63(8)；66(8)；57(7)；64(8)；63(7)；60(7)；50(6)；59(7)；61(8)；63(7)；61(8)；63(8)；71(8)	S/2 d3+2.5ET；11次/年
RRIV4	2009	2016	64(9)；56(7)；55(8)；48(7)；49(7)；47(7)；47(8)；57(8)；65(8)；52(7)；66(7)；47(8)；44(7)；61(7)；58(7)	S/2 d3+2.5ET；11次/年

样点 6 小农场主

地点 北纬 13.85°，东经 106.99°，海拔 388.65 米。

主要栽培状况 种植品系为 GT1，2007 年定植，第 5 割年，割制为 S/2 d3+2.5ET，11 次 / 年（表 3–7）。

表 3–7 主要栽培状况（样点 6）

品系	定植年份	开割年份	茎围大小及树皮厚度（mm）	割制
GT1	2010	2016	61(7)；55(7)；64(7)；59(7)；56(6)；56(7)；58(7)；58(7)；61(8)；62(8)；54(7)；56(6)；62(7)；62(7)；63(7)；66(7)	S/2 d3+2.5ET；11次/年

样点 7 小农场主

地点 北纬 13.84°，东经 107.02°，海拔 359.9 米。

主要栽培状况 种植品系为 GT1，2007 年定植，第 5 割年，割制：S/2 d3+2.5ET，2 次 / 月（表 3–8）。

表 3–8 主要栽培状况（样点 7）

品系	定植年份	开割年份	茎围大小及树皮厚度（mm）	割制
GT1	2008	2015	61(8)；63(8)；57(7)；58(8)；65(7)；68(9)；61(8)；67(9)；63(8)；66(9)；69(9)；60(8)；63(8)；61(9)；65(9)；64(9)	S/2 d3+2.5ET；11次/年

样点 8 小农场主

地点 北纬 13.82，东经 107.04，海拔 299.12 米。

主要栽培状况 面积 5.0 公顷，株行距 3 米 ×6 米，红壤，胶价低，不施肥。

样点 9 小农场主

地点 北纬 13.76°，东经 107.10°，海拔 339.12 米。

主要栽培状况 株行距 3 米 ×6 米，红壤，不施肥（表 3–9）。

表 3–9 主要栽培状况（样点 9）

品系	定植年份	开割年份	茎围大小及树皮厚度（mm）	割制
RRIV124	2012	2018	56(7)；46(5)；46(6)；43(5)；47(5)；54(6)；53(6)；38(5)；58(7)；56(7)；48(5)；44(5)；55(7)；55(7)；46(6)；47(6) 41(4)；57(6)；46(5)；44(5)；43(4)；47(6)；48(6)；54(7)；43(5)；48(6)；47(5)；58(7)；55(7)；44(5)；44(5)	S/2 d3+2.5ET；11次/年，开割高度1.3米

样点 10 小农场主

地点 北纬 13.72°，东经 107.12°，海拔 324.6 米。

主要栽培状况 株行距 3 米 ×6 米，红壤，不施肥（表 3–10）。

表 3–10 主要栽培状况（样点 10）

品系	定植年份	开割年份	茎围大小及树皮厚度（mm）	割制
PB314	2013	2018	42(5)；43(5)；45(4)；39(4)；41(4)；42(4)；41(4)；43(5)；47(5)；48(6)；40(4)；38(4)；36(4)；41(4)；41(4)；42(5)；43(5)；43(4)；40(4)；45(5)	S/2 d3+2.5ET；11次/年，开割高度1.45米

样点 11 小农场主

地点 北纬 13.72°，东经 107.12°，海拔 324.6 米。

主要栽培状况 株行距 3 米 ×6 米，红壤，不施肥（表 3–11）。

表 3–11 主要栽培状况（样点 11）

品系	定植年份	开割年份	茎围大小及树皮厚度（mm）	割制
RRIM600	2010	2017	54(7)；50(7)；49(6)；48(6)；54(7)；46(6)；53(7)；47(6)；51(6)；48(7)；55(7)；54(7)；53(7)；49(6)；48(6)；48(7)；50(6)；49(6)	S/2 d3+2.5ET；11次/年，开割高度1.3米，耗皮量大：31厘米/2年

样点 12 小农场主

地点 北纬 13.72°，东经 107.12°，海拔 337.8 米。

主要栽培状况 株行距 3 米 ×6 米，红壤，不施肥（表 3–12）。

表 3-12　主要栽培状况（样点 12）

品系	定植年份	开割年份	茎围大小及树皮厚度（mm）	割制
RRIM712	2010	2017	56(8)；60(7)；55(7)；51(7)；53(8)；56(7)；51(7)；53(7)；49(8)；50(7)；53(6)；47(6)；57(7)；54(6)；58(6)；52(7)；57(8)；52(8)；53(8)；50(6)；47(6)；46(6)；59(8)；44(5)；51(6)；55(8)；59(8)；52(7)；53(7)；49(6)；52(7)	S/2 d3+2.5ET；11次/年，开割高度1.3米

样点 13　小农场主

地点　北纬 13.61°，东经 106.86°，海拔 209.51 米。

主要栽培状况　株行距 3 米 ×6 米，红壤，不施肥。2000—2005 年政府投资项目，主要种植 PR107、RRIM600、GT1、PB260、IRCA18 等品系，其中 IRCA18 表现较为突出（表 3-13）。

表 3-13　主要栽培状况（样点 13）

品系	定植年份	开割年份	茎围大小及树皮厚度（mm）	割制
IRCA18	2000	2008	63(9)；80(9)；81(10)；67(8)；70(8)；72(10)；86(10)；68(9)；65(9)；82(9)；68(8)；56(8)；66(9)；66(8)；72(9)	S/4 d3+2.5ET，换割面后改为阴刀S/2；11次/年
RRIM600	2000	2008	65(8)；64(7)；86(9)；75(9)；61(7)；60(8)；82(8)；43(7)；75(9)；67(8)；65(8)；57(7)；62(8)；61(7)；65(7)	S/4 d3+2.5ET，换割面后改为阴刀S/2；11次/年
GT1	2000	2008	95(11)；72(8)；78(8)；67(9)；69(8)；69(7)；65(10)；71(8)；67(9)；75(9)；60(9)；73(9)；71(9)；74(10)；62(8)	S/4 d3+2.5ET，换割面后改为阴刀S/2；11次/年

样点 14　小农场主

地点　北纬 13.60°，东经 106.86°，海拔 186.59 米。

主要栽培状况　主要种植 GT1，宽窄行栽培模式，2.5 米 ×3 米 ×13 米，2002 年定植，3 天一刀，无乙烯利刺激。

样点 15　私营公司

地点　北纬 13.72°，东经 107.12°，海拔 337.8 米。

主要栽培状况　总种植面积为 9 000 公顷，土壤类型为灰壤，主要种植 RRIV4、PB260、IRCA1 等品系，其中 RRIV4 产量优于其他几个品系（表 3-14）。

表 3-14　主要栽培状况（样点 15）

品系	定植年份	开割年份	茎围大小及树皮厚度（mm）	割制
RRIV4	2007	2012	76(10)；53(7)；56(8)；64(9)；63(9)；55(8)；55(7)；52(7)；54(9)；52(7)；50(7)；43(6)；53(8)；72(10)；57(9)	S/2 d3+2.5ET；11次/年，开割高度1.3米

样点 16　私营公司

地点　北纬 13.44°，东经 106.12°，海拔 99.49 米。

主要栽培状况　种植面积 60 公顷，2 个品系混杂在一起，主要为 RRIV4（表 3–15）。

表 3–15　主要栽培状况（样点 16）

品系	定植年份	开割年份	茎围大小及树皮厚度（mm）	割制
RRIV4	2010	2017	54(7)；55(8)；50(7)；53(8)；62(9)；48(7)；55(7)；56(8)；53(8)；56(9)；56(8)；49(9)；63(8)；54(9)；56(9)；64(9)	S/2 d3+2.5ET；11次/年

样点 17　私营公司

地点　北纬 13.39°，东经 106.12°，海拔 143.57 米。

主要栽培状况　种植面积 3 000 公顷，主要种植品种为 PB260，管理规范，割面规划好，割胶技术相对较好，但受旱季影响定植后补苗率高（表 3–16）。

表 3–16　主要栽培状况（样点 17）

品系	定植年份	开割年份	茎围大小及树皮厚度（mm）	割制
PB260	2012	2018	49(5)；49(6)；45(6)；54(7)；51(6)；46(5)；45(5)；50(6)；51(6)；47(6)；57(7)；43(5)；47(5)；51(6)；46(6)	S/2 d3+2.5ET；11次/年

样点 18　私营公司

地点　北纬 13.39°，东经 106.12°，海拔 143.57 米。

主要栽培状况　种植面积 25 公顷，总的来看，KV4 产量优于 RRIV4，每个胶工每次可以割 550 棵树（表 3–17）。

表 3–17　主要栽培状况（样点 18）

品系	定植年份	开割年份	茎围大小及树皮厚度（mm）	割制
KV4	2007	2011	60(10)；65(10)；54(8)；61(9)；61(9)；51(9)；58(10)；54(9)；50(8)；51(8)；51(8)；57(10)；58(8)；54(8)；53(9)	S/2 d3+2.5ET；11次/年

样点 19　私营公司

地点　北纬 13.39°，东经 106.12°，海拔 143.57 米。

主要栽培状况　主要种植品种为 RRIM600，株行距 3 米 ×6 米，红壤，不施肥，不按标准开割高度开割（表 3–18）。

表 3-18　主要栽培状况（样点 19）

品系	定植年份	开割年份	茎围大小及树皮厚度（mm）	割制
RRIM600	2012	2018	59(8)；52(7)；56(7)；55(8)；54(8)；52(7)；63(8)；42(8)；59(8)；49(7)；55(7)；58(8)；57(8)；53(8)；50(7)	S/2 d3+2.5ET；11次/年，开割高度1.3米

样点 20　私营公司

地点　北纬 13.39°，东经 106.12°，海拔 143.57 米。

主要栽培状况　主要种植 GT1，株行距 3 米 ×6 米，红壤，不施肥，乙烯利刺激浓度高，不按标准开割高度开割（表 3-19）。

表 3-19　主要栽培状况（样点 20）

品系	定植年份	开割年份	茎围大小及树皮厚度（mm）	割制
GT1	2012	2018	65(8)；58(7)；48(7)；59(7)；44(6)；61(7)；59(7)；51(7)；65(8)；62(7)；50(7)；63(8)；56(7)；55(7)；53(7)	S/2 d3+2.5ET；11次/年，开割高度1.3米

样点 21　私营公司

地点　北纬 13.43°，东经 106.20°，海拔 112.77 米。

主要栽培状况　主要种植品种为 PR303，株行距 3 米 ×6 米，红壤，不施肥，乙烯利刺激浓度高，不按标准开割高度开割（表 3-20）。

表 3-20　主要栽培状况（样点 21）

品系	定植年份	开割年份	茎围大小及树皮厚度（mm）	割制
PR303	2010	2018	49(6)；62(8)；53(7)；46(6)；41(6)；68(8)；56(7)；61(8)；65(8)；50(6)；63(7)；57(7)；53(6)；63(6)；58(7)；59(7)；53(6)；48(6)	S/2 d3+2.5ET；11次/年，开割高度1.3米

样点 22　私营公司

地点　北纬 13.42°，东经 106.19°，海拔 148.64 米。

主要栽培状况　主要种植品种为 PB260，株行距 3 米 ×6 米，红壤，不施肥，乙烯利刺激浓度高，割胶技术差，开割第 2 年已更换割面（表 3-21）。

表 3-21　主要栽培状况（样点 22）

品系	定植年份	开割年份	茎围大小及树皮厚度（mm）	割制
PB260	2012	2018	54(6)；57(7)；59(7)；61(8)；51(6)；63(8)；63(7)；60(8)；58(6)；54(6)；53(7)；66(8)；52(6)；62(7)；58(7)	S/2 d3+2.5ET；11次/年，第2年已换割面

样点 23 私营公司

地点 北纬 13.43°，东经 106.17°，海拔 164.56 米。

主要栽培状况 主要种植品种为 PB217，株行距 3 米 ×6 米，红壤，不施肥，乙烯利刺激浓度高，割胶技术差，割面大伤、特伤严重（表 3–22）。

表 3–22 主要栽培状况（样点 23）

品系	定植年份	开割年份	茎围大小及树皮厚度（mm）	割制
PB217	2007	2013	64(10)；54(6)；58(9)；64(7)；67(9)；78(9)；57(9)；66(7)；47(8)；67(8)；78(10)；46(5)；50(5)；45(8)；66(8)；75(7)；69(9)；76(9)	S/2 d3+2.5ET；11次/年

样点 24 私营公司

地点 北纬 13.44°，东经 106.15°，海拔 118.86 米。

主要栽培状况 主要种植品种为 PR107，株行距 3 米 ×6 米，红壤，不施肥，乙烯利刺激浓度高，割胶技术差，割 2 年轮换割面，割面大伤、特伤严重（表 3–23）。

表 3–23 主要栽培状况（样点 24）

品系	定植年份	开割年份	茎围大小及树皮厚度（mm）	割制
PR107	2008	2014	58(7)；69(8)；58(6)；60(7)；55(5)；68(8)；63(8)；65(7)；59(8)；65(9)；65(7)；63(7)；50(5)；45(8)；66(8)；63(7)；75(10)；60(7)	S/2 d3+2.5ET；11次/年，割2年轮换割面

样点 25 私营公司

地点 北纬 13.45°，东经 106.14°，海拔 149.93 米。

主要栽培状况 主要种植品种为 RRIM712，株行距 3 米 ×6 米，红壤，不施肥，乙烯利刺激浓度高，割胶技术差，乙烯利刺激浓度高（表 3–24）。

表 3–24 主要栽培状况（样点 25）

品系	定植年份	开割年份	茎围大小及树皮厚度（mm）	割制
RRIM712	2009	2016	61(9)；50(7)；46(6)；63(9)；59(9)；63(7)；51(7)；63(9)；66(9)；55(7)；60(8)；53(7)；61(9)；53(7)；61(9)；53(7)；65(8)；56(7)；62(10)	S/2 d3+2.5ET；11次/年

样点 26 小农场主

地点 北纬 13.38°，东经 106.05°，海拔 125.23 米。

主要栽培状况 种植面积 30 公顷，主要种植品种为 PB260，株行距 3 米 ×6 米，红壤，不施肥，乙烯利刺激浓度高，割胶技术差，割面空鼓、缺口较多（表 3–25）。

表 3-25　主要栽培状况（样点 26）

品系	定植年份	开割年份	茎围大小及树皮厚度（mm）	割制
PB260	2009	2016	48(8)；46(9)；65(9)；56(8)；58(7)；52(7)；53(7)；60(8)；52(8)；50(7)；53(7)；51(7)；53(7)；54(7)；63(8)；61(7)；55(7)；53(7)	S/2 d3+2.5ET；11次/年

样点 27　小农场主

地点　北纬 13.37°，东经 106.03°，海拔 148.35 米。

主要栽培状况　种植面积 10 公顷，主要种植 RRIV4、GT1、RRIM600、IRCA130、PB260等品系，割胶技术差，部分品种开割第2年轮换割面，割面大伤、特伤严重（表3-26）。

表 3-26　主要栽培状况（样点 27）

品系	定植年份	开割年份	茎围大小及树皮厚度（mm）	割制
RRIV4	2006	2012	57(10)；57(9)；66(9)；69(9)；64(9)；80(10)；61(7)；68(7)；65(8)；64(8)；46(6)；61(8)；58(8)；62(8)；62(8)	S/2 d3+2.5ET；11次/年
GT1	2006	2012	59(6)；68(8)；52(8)；56(6)；59(8)；56(7)；46(6)；50(7)；56(7)；56(7)；47(6)；58(6)；49(6)；61(7)；54(7)；52(7)；56(7)	S/2 d3+2.5ET；11次/年
RRIM600	2006	2012	47(6)；47(6)；46(6)；52(6)；51(6)；50(6)；50(6)；53(7)；55(7)；46(5)；46(6)；44(6)；56(6)；48(6)；48(6)；54(7)	S/2 d3+2.5ET；11次/年
IRCA130	2010	2016	43(7)；53(7)；42(6)；47(7)；43(6)；40(5)；40(6)；46(5)；45(5)；45(6)；38(5)；42(6)；47(7)；42(6)；48(7)；39(5)；47(8)；41(7)；39(7)	S/2 d3+2.5ET；11次/年
PB260	2012	2018	43(6)；40(5)；39(5)；44(6)；41(5)；47(5)；45(5)；42(5)；44(6)；40(5)；40(5)；43(6)；39(5)；39(5)；42(6)	S/2 d3+2.5ET；11次/年。2018年开割，2019年换割面

样点 28　华人小农场主

地点　北纬 13.45°，东经 106.04°，海拔 97.91 米。

主要栽培状况　主要种植 IRCA130、GT1 等品系，割胶水平较高，雇佣 30 个工人，每人 150 美元 / 月（表 3-27）。

表 3-27　主要栽培状况（样点 28）

品系	定植年份	开割年份	茎围大小及树皮厚度（mm）	割制
IRCA130	2010	2016	53(7)；53(6)；43(5)；50(7)；54(6)；54(7)；50(7)；54(7)；50(7)；51(8)；52(7)；47(5)；59(8)；54(7)；55(8)；54(8)	S/2 d3+2.5ET；11次/年
GT1	2010	2016	50(7)；47(8)；46(7)；54(7)；57(7)；56(8)；46(7)；58(8)；43(6)；49(7)；47(7)；44(6)；49(7)；55(8)；52(6)；50(7)；49(7)	S/2 d3+2.5ET；11次/年

样点 29 私营公司

地点 北纬 13.20°，东经 106.02°，海拔 92.71 米。

主要栽培状况 种植面积 2 900 公顷，定植 2 年后有施肥，2 次 / 年（表 3-28）。

表 3-28 主要栽培状况（样点 29）

品系	定植年份	开割年份	茎围大小及树皮厚度（mm）	割制
PB260	2012	全部未开割	47(5)；47(5)；47(6)；51(6)；48(4)；45(5)；44(5)；47(5)；43(5)；57(6)；49(6)；50(6)；47(5)；39(5)；37(4)；49(5)；49(5)；51(5)；48(5)；45(5)	全部未开割

样点 30 私营公司

地点 北纬 13.19°，东经 105.06°，海拔 78.72 米。

主要栽培状况 种植面积 5 000 公顷，1 000 公顷已开割，种植了 12 个品系，其中已开割品系主要有 PB260、RRIM600、GT1、PR107 等品系。PB260 不耐干旱，出现叶片枯萎，开割 2 刀后已停止割胶，在雨季无霉腐病。PR107 产量表现不好，1.5% ET 刺激下仍无胶水，在雨季有绯腐病。GT1 表现较好。RRIM600 产量中等，雨季产量较好，旱季产量较差。整个胶园管理比较规范，割胶相对较好，割面有小伤（表 3-29）。

表 3-29 主要栽培状况（样点 30）

品系	定植年份	开割年份	茎围大小及树皮厚度（mm）	割制
PB260	2013	2018	46.5(5)；44(5)；47(6)；39(4)；41(5)；41(5)；43(5)；43(5)；44(5)；42(5)；41(5)；42(6)；44(5)；43(6)；42(6)；45(5)；44(6)；39(5)；48(6)；44(5)	S/2 d3+2.5ET；11次/年，开割高度1.3米
RRIM600	2012	2018	43(6)；43(6)；46(6)；46(6)；44(5)；51(6)；43(5)；51(6)；47(6)；52(6)；45(5)；47(5)；46(5)；44(5)；47(6)；45(6)；47(6)；49(7)；49(6)；48(6)；45(6)	S/2 d3+2.5ET；11次/年，开割高度1.3米
GT1	2012	2018	54(7)；43(6)；54(7)；60(7)；44(6)；47(6)；50(7)；50(7)；48(7)；48(6)；50(7)；42(5)；51(7)；56(7)；48(6)；52(7)；47(6)；50(7)；42(6)；56(8)	S/2 d3+2.5ET；11次/年，开割高度1.3米
PR107	2012	2018	45(5)；44(5)；50(6)；42(5)；43(6)；48(6)；41(5)；42(5)；47(6)；44(6)；46(7)；46(6)；44(6)；45(6)；50(7)；45(6)；41(5)；47(6)；48(7)；52(7)	S/2 d3+2.5ET；11次/年，开割高度1.3米
RRIT251	2014	未开割	39(4)；44(5)；41(4)；34(4)；47(5)；43(4)；41(4)；37(4)；40(4)；37(4)；39(4)；43(4)；39(4)；35(3)；37(4)；40(4)；32(3)；31(3)；30(3)；41(4)；38(4)；40(4)；35(4)；36(4)；39(4)	

样点 31 中国公司在柬埔寨的胶园

地点 北纬 13.47°，东经 104.96°，海拔 78.88 米。

主要栽培状况 土地面积 5 871 公顷，租期 50 年，土地租金为 6 美元 / 公顷，已开垦出 1 400 公顷的土地，主要种植橡胶、剑麻、水稻、大豆等作物，其中种植橡胶 400 多公顷，剑麻 65 公顷，水稻 100 公顷。土层厚度为 40~70 厘米。种植的橡胶品种主要为 PB260、RRIM600、IRCA230、RRIM712。每年施 2 次复合肥，1 千克 / 株（表 3-30）。

表 3-30 主要栽培状况（样点 31）

品系	定植年份	开割年份	茎围大小及树皮厚度（mm）	割制
PB260	2013	未开割	41(4)；42(4)；34(4)；41(4)；33(4)；41(4)；37(4)；37(4)；36(4)；37(4)；37(4)；39(4)；38(4)；37(4)；37(4)；42(5)；41(4)；40(4)；33(4)；30(3)；33(4)；35(3)；44(5)；42(4)；45(5)；47(5)；47(5)	未开割

样点 32 小农场主

地点 北纬 13.70°，东经 105.53°，海拔 111.26 米。

主要栽培状况 主要种植 GT1、RRIM600、PB260 等品系，其中 GT1 产量好于其他 2 个品种。PB260 雨季产量较好，旱季雨水少，产量降低（表 3-31）。

表 3-31 主要栽培状况（样点 32）

品系	定植年份	开割年份	茎围大小及树皮厚度（mm）	割制
GT1	2006	2013	85(12)；82(10)；81(10)；59(10)；80(13)；67(11)；61(11)；56(10)；76(9)；71(11)；70(10)；68(11)；67(11)；77(12)；68(11)；65(12)；63(11)；83(11)；63(11)；62(10)；67(12)；62(11)；51(9)；66(10)；61(10)	S/2 d3+2.5ET；11次/年。割胶水平较差，大伤、鼓包普遍
RRIM600	2011	2017	46(7)；47(8)；47(7)；42(6)；47(7)；53(8)；51(8)；44(6)；47(7)；46(6)；35(5)；39(5)；56(7)；48(7)；51(7)；45(7)；44(6)；46(7)；49(7)；46(7)	S/2 d3+2.5ET；11次/年。割胶水平较差，大伤、鼓包普遍
PB260	2011	2017	38(6)；40(6)；38(5)；39(7)；49(7)；51(7)；44(7)；43(6)；47(7)；44(6)；40(6)；48(7)；39(6)；45(7)；50(6)；47(7)；38(5)；40(5)；41(6)；45(7)；45(7)；41(7)	S/2 d3+2.5ET；11次/年。割胶水平较差，大伤、鼓包普遍

（2）在柬埔寨橡胶研究所育种研究室负责人 Phean Chetha 和 Rath Sethy 的陪同下，代表团一行与 2019 年 11 月 28 日至 12 月 3 日访问了柬埔寨西北部的奥多棉芷省、暹粒省、拜林省以及菩萨省，并就相关省份的橡胶树主栽品种分布、栽培模式、割胶现状、以及相关品种特性进行了实地调查。经过 6 天的实地调查，代表团详细了解了以上相关省份植胶公司与小农场主在橡胶树品种配置、乙烯利刺激浓度、施肥以及田间管理措施

等方面的基本情况，通过与当地农技推广人员进行深入探讨，发现问题症结所在，并提出了相关建议及改进措施，具体访问地点与调查地点如下。

2019 年 11 月 28 日，奥多棉芷省资源调查；

2019 年 11 月 29 日至 12 月 1 日，暹粒省资源调查；

2019 年 12 月 2 日，拜林省资源调查；

2019 年 12 月 3 日，菩萨省资源调查。

样点 1 小农场主

地点 北纬 14.25°，东经 103.97°，海拔 50.42 米。

主要栽培状况 土地面积 20 公顷，2017 年定植，2017 年开割。主要种植 GT1、RRIM600 等品系，产量 RRIM600>GT1，不施肥，割胶月份每月乙烯利刺激 2 次，刺激浓度为 2.5%。割制为 S/2 d3，栽培模式为 6 米 ×3 米（表 3–32）。

表 3–32 主要栽培状况（样点 1）

品系	定植年份	开割年份	茎围大小及树皮厚度（mm）	割制
GT1	2010	2017	49(6)；40(4)；46(5)；42(5)；35(4)；43(5)；34(4)；38(5)；36(5)；39(6)；36(5)；41(5)；43(6)；47(6)；39(5)；37(4)；37(4)；34(4)；36(4)；32(4)；35(4)；32(4)；42(5)；32(4)；35(4)；38(4)；42(5)；33(4)；36(4)；39(5)；34(4)；34(4)；33(4)；38(5)；37(4)；34(4)；48(6)；40(4)；44(5)；49(5)	S/2 d3+2.5%乙烯利刺激浓度+乙烯利刺激2次/月
RRIM600	2010	2017	52(7)；39(4)；35(4)；37(4)；47(7)；40(5)；47(6)；44(5)；41(5)；54(7)；41(5)；47(6)；47(6)；44(5)；42(5)；48(5)；52(6)；44(5)；47(6)；40(4)；43(5)；49(5)；43(5)；44(5)；36(4)；44(5)；41(5)；49(6)；43(5)；41(5)；40(4)；43(5)； 47(5)；45(5)；41(5)；42(5)；43(5)	S/2 d3+2.5%乙烯利刺激浓度+乙烯利刺激2次/月+TPD；产量RRIM600>GT

样点 2 中国公司在柬埔寨的胶园

地点 北纬 14.09°，东经 104.14°，海拔 62.42 米。

主要栽培状况 土地面积 359 公顷，开割面积 167 公顷，主要种植 RRIT251 品系，产量为 30 千克杯胶 / 每刀 / 公顷，不施肥，割制为 S/2 d3，每月乙烯利刺激 3 次，刺激浓度为 2.5%。2012 年定植，2019 年开割，栽培模式为 6 米 ×4 米（表 3–33）。

表 3–33 主要栽培状况（样点 2）

品系	定植年份	开割年份	茎围大小及树皮厚度（mm）	割制
RRIT251	2012	2019	45(5)；48(5)；51(6)；52(5)；59(6)；47(5)；50(6)；54(6)；57(6)；57(6)；43(4)；47(5)；56(6)；59(6)；53(6)；54(6)；58(6)；42(4)；43(4)；52(7)；62(8)；50(6)；53(7)；56(7)；62(8)；51(6)；58(8)；66(8)；48(6)；55(6)；57(7)；44(4)；50(6)；43(4)；50(5)	S/2 d3+2.5%乙烯利+乙烯利刺激3次/月

样点 3 越南植胶公司

地点 北纬 14.09°，东经 104.15°，海拔 62.42 米。

主要栽培状况 土地面积 5 940 公顷，开割面积 219 公顷，主要种植 RRIV124 品系，割制为 S/2 d4，每月乙烯利刺激 4 次，刺激浓度为 1.25%。2012 年定植，2019 年开割，栽培模式为 6 米 ×4 米（表 3–34）。

表 3–34 主要栽培状况（样点 3）

品系	定植年份	开割年份	茎围大小及树皮厚度（mm）	割制
RRIV124	2012	2019	59(5)；52(6)；62(6)；53(6)；52(6)；51(6)；56(6)；54(7)；49(6)；59(7)；51(6)；59(7)；51(6)；59(7)；52(5)；55(5)；58(6)；59(7)；52(6)；56(7)；51(6)；54(6)；49(6)；49(6)；58(7)；58(7)；59(7)；53(6)；48(6)；48(6)；54(6)；52(7)；53(6)；61(7)；53(6)；52(6)；52(6)	S/2 d4+1.25%乙烯利刺激浓度+乙烯利刺激4次/月

样点 4 小农场主

地点 北纬 13.69°，东经 103.79°，海拔 32.63 米。

主要栽培状况 土地面积 27 公顷，主要种植 RRIM600 品系，割制为 S/2 d3。2011 年定植，2019 年开割，栽培模式为 6 米 ×3 米（表 3–35）。

表 3–35 主要栽培状况（样点 4）

品系	定植年份	开割年份	茎围大小及树皮厚度（mm）	割制
RRIM600	2011	2019	52(6)；43(5)；51(6)；42(5)；38(5)；37(5)；45(5)；41(5)；38(5)；38(4)；48(5)；46(5)；48(5)；45(5)；52(6)；47(5)；47(5)；56(6)；35(4)；40(4)；48(5)；40(5)；50(5)；49(6)；41(5)；49(6)；50(6)；41(5)；39(5)；54(6)；54(6)；38(5)；52(6)；44(5)；45(5)	S/2 d3+不用乙烯利刺激

样点 5 小农场主

地点 北纬 13.69°，东经 103.83°，海拔 66.58 米。

主要栽培状况 土地面积 15 公顷，主要种植 RRIT 251 品系，割制为 S/2 d3。2008 年定植，2016 年开割，栽培模式为 6 米 ×3 米（表 3–36）。

表 3–36 主要栽培状况（样点 5）

品系	定植年份	开割年份	茎围大小及树皮厚度（mm）	割制
RRIT251	2008	2016	53(6)；39(5)；47(5)；62(7)；50(6)；53(6)；42(5)；50(6)；50(6)；40(5)；40(4)；52(6)；58(7)；48(6)；47(6)；49(6)；57(7)；41(4)；54(7)；53(7)；56(7)；51(6)；45(5)；44(5)；54(7)；40(5)；54(6)；54(6)；49(6)；40(4)；42(4)；58(6)；44(5)；57(6)；45(5)；60(7)	S/2 d3+不用乙烯利刺激

样点 6 小农场主

地点 北纬 13.69°，东经 103.83°，海拔 66.58 米。

主要栽培状况 土地面积 1 公顷，主要种植 RRIV4 品系，割制为 S/2 d3。2007 年定植，2013 年开割，栽培模式为 6 米 ×3 米（表 3–37）。

表 3–37 主要栽培状况（样点 6）

品系	定植年份	开割年份	茎围大小及树皮厚度（mm）	割制
RRIV4	2007	2013	54(7)；47(6)；67(8)；54(7)；64(8)；58(7)；52(6)；47(6)；49(6)；50(7)；53(7)；51(7)；59(8)；56(8)；59(6)；50(6)；55(7)；60(7)；61(8)；55(8)；58(8)；63(7)；55(8)；51(7)；54(7)；56(7)；58(8)；61(9)；50(7)；60(7)；45(7)；58(8)；55(8)；60(8)；48(7)；61(9)	S/2 d3

样点 7 小农场主

地点 北纬 13.69°，东经 103.83°，海拔 66.58 米。

主要栽培状况 土地面积 15 公顷，主要种植 GT1、PB260 等品系，产量上 GT1>PB260，割制为 S/2 d3，每年乙烯利刺激 6 次，刺激浓度为 2.5%。2013 年定植，2019 年开割，栽培模式为 6 米 ×3 米（表 3–38）。

表 3–38 主要栽培状况（样点 7）

品系	定植年份	开割年份	茎围大小及树皮厚度（mm）	割制
GT1	2013	2019	44(5)；48(5)；42(4)；44(4)；43(5)；40(5)；42(5)；39(4)；34(4)；40(5)；41(5)；38(4)；47(5)；38(4)；37(6)；35(4)；39(4)；47(5)；37(4)；42(5)；50(6)；43(5)；40(4)；41(4)；40(4)；42(4)；43(5)；39(4)；42(5)；44(5)；44(6)；39(4)；43(4)；44(5)；45(6)	S/2 d3+2.5%乙烯利+乙烯利刺激6 次/年
PB260	2013	2019	45(5)；45(5)；44(6)；49(6)；48(6)；48(5)；42(5)；42(5)；46(5)；41(5)；41(5)；40(5)；43(5)；42(5)；36(4)；47(6)；41(5)；48(6)；36(4)；48(6)；44(6)；48(6)；52(7)；44(6)；46(6)；51(6)；45(5)；43(5)；41(4)；43(5)；41(5)；44(5)；38(4)；48(5)；51(6)	S/2 d3+2.5%乙烯利；乙烯利刺激6 次/年

样点 8 小农场主

地点 北纬 12.80°，东经 102.73°，海拔 152.21 米。

主要栽培状况 土地面积 40 公顷，主要种植 RRIT251 品系，割制为 S/2 d3，每年乙烯利适当刺激，施肥。2013 年定植，2019 年开割，栽培模式为 6 米 ×3 米（表 3–39）。

表 3-39 主要栽培状况（样点 8）

品系	定植年份	开割年份	茎围大小及树皮厚度（mm）	割制
RRIT 251	2013	2018	41(4)；36(4)；36(4)；42(4)；35(4)；36(4)；40(5)；39(4)；39(5)；40(5)；38(4)；39(4)；47(5)；42(4)；37(4)；40(4)；44(4)；37(4)；43(5)；35(4)；38(4)；49(5)；48(6)；53(6)；40(4)；39(4)；50(6)；38(4)；39(4)；42(5)；40(4)；41(4)；40(5)；46(5)；40(5)	S/2 d3+乙烯利刺激+施肥

样点 9 小农场主

地点 北纬 12.86°，东经 102.66°，海拔 123.96 米。

主要栽培状况 土地面积 12 公顷，主要种植 GT1 品系，割制为 S/2 d3，每月乙烯利刺激 2 次，刺激浓度为 2.5%，施氮肥。2007 年定植，2013 年开割，栽培模式为 6 米 ×3 米（表 3-40）。

表 3-40 主要栽培状况（样点 9）

品系	定植年份	开割年份	茎围大小及树皮厚度（mm）	割制
GT1	2007	2013	54(6)；49(6)；55(7)；59(7)；61(8)；50(5)；56(8)；49(7)；62(8)；57(7)；56(6)；53(6)；47(5)；49(5)；67(8)；63(8)；55(8)；61(8)；49(6)；62(8)；62(7)；51(7)；59(7)；71(9)；55(6)；46(5)；59(9)；61(8)；60(7)；52(5)；53(7)；57(7)；56(6)；53(6)；65(9)	S/2 d3+2.5%乙烯利浓度+ 乙烯利刺激2 次/月+施肥

样点 10 柬埔寨当地植胶公司

地点 北纬 12.27°，东经 103.00°，海拔 231.85 米。

主要栽培状况 土地面积 6 000 公顷，植胶面积 3 030 公顷，主要种植 PB260，RRIM 600 和 RRIV124 等品系，产量上 RRIV124>PB260>RRIM 600。割制为 S/2 d3，每 2 个月乙烯利刺激 1 次，刺激浓度为 1.8%，每年施一定量的氮肥，2011 年定植，2017 年开割，栽培模式为 6 米 ×3 米（表 3-41）。

表 3-41 主要栽培状况（样点 10）

品系	定植年份	开割年份	茎围大小及树皮厚度（mm）	割制
RRIV124	2011	2017	58(6)；59(6)；54(5)；64(7)；48(4)；55(6)；55(6)；62(7)；51(5)；63(7)；55(6)；60(7)；55(6)；55(5)；60(6)；42(8)；48(5)；51(5)；54(6)；50(6)；58(6)；51(6)；56(6)；73(8)；56(7)；60(7)；71(8)；50(5)；63(8)；58(6)；53(6)；61(7)；61(7)；64(7)；60(7)	S/2 d3+1.8%乙烯利刺激浓度+乙烯利刺激1次/月+施肥

（3）受新冠肺炎疫情影响，2020 年资源调查委托在柬埔寨橡胶研究所育种研究室的负责人 Phean Chetha 和 Rath Sethy，调查组一行分别与 2020 年 9 月 2—13 日、2020

年10月5—16日、2020年11月15—21日访问了柬埔寨东北部的蒙多基里省，以及中部的桔井省和磅通省，并就相关省份的橡胶树主栽品种分布、栽培模式、割胶现状，以及相关品种特性进行了实地调查。经过一个月的实地调查，代表团详细了解了以上相关省份植胶公司与小农场主在橡胶树品种配置、乙烯利刺激浓度、施肥以及田间管理措施等方面的基本情况，通过与当地农技推广人员进行深入探讨，发现问题症结所在，并提出了相关建议及改进措施，具体访问地点与调查样点如下。

2020年9月2—13日，蒙多基里省资源调查；

2020年10月5—16日，桔井省资源调查；

2020年11月15—21日，磅通省资源调查。

样点1 小农场主

地点 北纬14.12°，东经107.33°，海拔403米。

主要栽培状况 种植面积为2.0公顷，主要种植品种为RRIM600，栽培模式6米×3米，立地条件为红壤，不施肥（表3-42）。

表3-42 主要栽培状况（样点1）

品系	定植年份	开割年份	茎围大小及树皮厚度（mm）	割制
RRIM600	2013	2017	58(9)；54(7)；53(8)；46(7)；48(7)；47(9)；51(9)；61(10)；51(7)；66(10)；55(8)；54(8)；54(8)；51(8)；46(7)；49(8)；57(9)；45(7)；54(8)；57(8)	S/2 d3+2.5%乙烯利刺激浓度+1次/月

样点2 小农场主

地点 北纬14.13°，东经107.34°，海拔412米。

主要栽培状况 种植面积为8.0公顷，主要种植品种为RRIV4，栽培模式为6米×3米，立地条件为红壤，不施肥（表3-43）。

表3-43 主要栽培状况（样点2）

品系	定植年份	开割年份	茎围大小及树皮厚度（mm）	割制
RRIV4	2007	2013	59(9)；48(8)；57(9)；63(10)；56(8)；57(9)；54(7)；59(8)；48(7)；60(9)；54(9)；71(10)；58(8)；53(8)；52(7)；56(8)；53(8)；47(7)；53(8)；54(8)；59(9)；52(9)；49(7)；65(9)	S/2 d3+2.5%乙烯利刺激浓度+1次/月

样点3 小农场主

地点 北纬14.13°，东经107.34°，海拔410米。

主要栽培状况 种植面积为1.5公顷，主要种植品种为GT1和RRIV4，产量方面GT1>RRIV4，采用的栽培模式为6米×3米，立地条件为红壤，不施肥（表3-44）。

表 3-44　主要栽培状况（样点 3）

品系	定植年份	开割年份	茎围大小及树皮厚度（mm）	割制
GT1	2006	2013	50(6)；55(6)；53(6)；60(7)；58(6)；59(7)；68(8)；56(7)；49(8)；53(7)；62(8)；51(6)；52(6)；56(6)；64(8)；64(8)；56(6)；55(6)；62(7)；54(6)	S/2 d3+2.5%乙烯利刺激浓度+1 次/2月

样点 4　小农场主

地点　北纬 14.11°，东经 107.34°，海拔 426 米。

主要栽培状况　种植面积为 1.0 公顷，主要种植品种为 GT1 和 PB260，产量方面 GT1>PB260，采用的栽培模式为 6 米 ×3 米，立地条件为红壤，不施肥（表 3-45）。

表 3-45　主要栽培状况（样点 4）

品系	定植年份	开割年份	茎围大小及树皮厚度（mm）	割制
GT1	2006	2013	54(7)；58(7)；46(6)；47(6)；50(7)；63(8)；50(7)；48(9)；49(7)；49(8)；49(8)；49(8)；51(6)；43(7)；51(7)；53(7)；49(7)；48(7)；50(7)；46(6)	S/2 d3+2.5%乙烯利刺激浓度+1 次/2月

样点 5　小农场主

地点　北纬 14.11°，东经 107.34°，海拔 418 米

主要栽培状况　种植面积为 1.50 公顷，主要种植品种为 GT1，采用的栽培模式为 5 米 ×3 米，立地条件为红壤，不施肥（表 3-46）。

表 3-46　主要栽培状况（样点 5）

品系	定植年份	开割年份	茎围大小及树皮厚度（mm）	割制
GT1	2011	2016	59(8)；54(7)；52(7)；56(8)；55(8)；56(8)；55(8)；52(6)；57(8)；61(8)；56(8)；63(8)；49(7)；46(7)；57(8)，61(9)；53(7)；59(8)；63(8)；57(8)	S/2 d3+2.5%乙烯利刺激浓度+1 次/1月

样点 6　小农场主

地点　北纬 13.80°，东经 107.66°，海拔 591 米。

主要栽培状况　种植面积为 2.0 公顷，主要种植品种为 GT1，采用的栽培模式为 5.5 米 ×2.8 米，立地条件为红壤，不施肥（表 3-47）。

表 3-47　主要栽培状况（样点 6）

品系	定植年份	开割年份	茎围大小及树皮厚度（mm）	割制
GT1	2009	2018	59(7)；60(8)；48(7)；53(8)；55(8)；49(6)；62(8)；59(7)；57(8)；55(6)；53(7)；55(8)；60(9)；54(9)；58(7)；55(7)；59(7)；59(7)；59(7)；58(8)	S/2 d3+2.5%乙烯利刺激浓度+1 次/2月

样点 7 小农场主

地点 北纬 13.80°，东经 107.66°，海拔 594 米。

主要栽培状况 种植面积为 2.0 公顷，主要种植品种为 RRIV4，采用的栽培模式为 5.5 米 ×2.8 米，立地条件为红壤，不施肥（表 3–48）。

表 3–48 主要栽培状况（样点 7）

品系	定植年份	开割年份	茎围大小及树皮厚度（mm）	割制
RRIV4	2009	2018	59(7)；60(9)；48(7)；53(7)；49(6)；61(8)；55(7)；56(8)；56(6)；55(7)；60(7)；60(7)；63(10)；58(10)；55(7)；55(7)；50(7)；53(7)；66(8)；58(9)	S/2 d3+2.5%乙烯利刺激浓度+1 次/2月

样点 8 小农场主

地点 北纬 13.83°，东经 107.65°，海拔 572 米。

主要栽培状况 种植面积为 3.5 公顷，主要种植品种为 GT1，采用的栽培模式为 6 米 ×3 米，立地条件为红壤，不施肥（表 3–49）。

表 3–49 主要栽培状况（样点 8）

品系	定植年份	开割年份	茎围大小及树皮厚度（mm）	割制
GT1	2010	2016	64(9)；60(9)；53(7)；61(8)；49(6)；53(7)；65(10)；50(6)；65(10)；50(6)；60(9)；54(8)；50(7)；58(8)；50(7)；55(8)；55(8)；51(8)；48(7)；63(10)	S/2 d3+2.5%乙烯利刺激浓度

样点 9 小农场主

地点 北纬 13.84°，东经 107.66°，海拔 567 米。

主要栽培状况 种植面积为 3.5 公顷，主要种植品种为 RRIM600，采用的栽培模式为 6 米 ×3 米，立地条件为红壤，不施肥（表 3–50）。

表 3–50 主要栽培状况（样点 9）

品系	定植年份	开割年份	茎围大小及树皮厚度（mm）	割制
RRIM600	2011	2018	66(10)；62(9)；59(9)；61(8)；59(8)；64(8)；54(7)；55(7)；60(9)；58(8)；61(8)；64(8)；56(7)；66(9)；62(9)；55(7)；71(10)；58(7)；56(8)；61(7)	S/2 d3+2.5%乙烯利刺激浓度

样点 10 小农场主

地点 北纬 13.84°，东经 107.66°，海拔 566 米。

主要栽培状况 种植面积为 3.0 公顷，主要种植品种为 RRIM600，采用的栽培模式为 6 米 ×3 米，立地条件为红壤，不施肥（表 3–51）。

表 3–51　主要栽培状况（样点 10）

品系	定植年份	开割年份	茎围大小及树皮厚度（mm）	割制
RRIM600	2011	2018	65(7)；66(7)；73(7)；71(7)；62(7)；70(8)；57(7)；62(8)；63(7)；71(8)；70(9)；61(9)；67(7)；57(7)；67(9)；54(7)；64(8)；65(8)；60(6)；63(7)	S/2 d3+2.5%的乙烯利刺激浓度

样点 11　小农场主

地点　北纬 13.91°，东经 107.62°，海拔 522 米。

主要栽培状况　种植面积为 2.0 公顷，主要种植品种为 RRIM712，采用的栽培模式为 6 米 ×3 米，立地条件为红壤，不施肥（表 3–52）。

表 3–52　主要栽培状况（样点 11）

品系	定植年份	开割年份	茎围大小及树皮厚度（mm）	割制
RRIM712	2014	2020	57(6)51(5)；45(5)；48(5)；49(5)46(5)；51(5)；48(5)；45(4)；42(4)；53(5)；50(5)；43(4)；50(5)；48(5)；53(6)；51(5)，49(5)；52(5)；49(5)	S/2 d3，不用乙烯利刺激，不施肥

样点 12　小农场主

地点　北纬 13.94°，东经 107.55°，海拔 453 米。

主要栽培状况　种植面积为 3.0 公顷，主要种植品种为 PB260，采用的栽培模式为 6 米 ×3 米，立地条件为红壤，不施肥（表 3–53）。

表 3–53　主要栽培状况（样点 12）

品系	定植年份	开割年份	茎围大小及树皮厚度（mm）	割制
PB260	2011	2017	55(8)；56(7)；57(8)；58(8)；62(9)；63(9)；57(9)；52(8)；61(8)；56(9)；59(8)；55(8)；60(9)；58(9)；54(8)；56(8)；53(8)；52(7)；60(8)；61(8)	S/2 d3，不用乙烯利刺激，不施肥

样点 13　小农场主

地点　北纬 13.94°，东经 107.55°，海拔 450 米。

主要栽培状况　种植面积为 2.0 公顷，主要种植品种为 GT1，采用的栽培模式为 6 米 ×3 米，立地条件为红壤，不施肥（表 3–54）。

表 3-54 主要栽培状况（样点 13）

品系	定植年份	开割年份	茎围大小及树皮厚度（mm）	割制
GT1	2011	2017	53(7)；61(8)；53(7)；54(7)；59(8)；63(8)；71(9)；73(10)；61(9)；60(8)；58(8)；63(9)；54(7)；58(8)；57(7)；63(9)；58(8)；49(7)；66(8)；60(8)	S/2 d3，不用乙烯利刺激，不施肥

样点 14 小农场主

地点 北纬 13.94°，东经 107.55°，海拔 462 米。

主要栽培状况 种植面积为 1.1 公顷，主要种植品种为 RRIM600，采用的栽培模式为 6 米 ×3 米，立地条件为红壤，不施肥（表 3-55）。

表 3-55 主要栽培状况（样点 14）

品系	定植年份	开割年份	茎围大小及树皮厚度（mm）	割制
RRIM600	2011	2017	69(8)；60(8)；68(8)；58(8)；61(7)；60(8)；62(8)；61(7)；59(7)；56(7)；53(7)；60(7)；59(8)；57(7)；63(8)；62(8)；59(8)；74(9)；51(7)；64(8)	S/2 d3，不用乙烯利刺激，不施肥

样点 15 小农场主

地点 北纬 13.95°，东经 107.55°，海拔 458 米。

主要栽培状况 种植面积为 11 公顷，主要种植品种为 RRIM600，采用的栽培模式为 6 米 ×3 米，立地条件为红壤，不施肥（表 3-56）。

表 3-56 主要栽培状况（样点 15）

品系	定植年份	开割年份	茎围大小及树皮厚度（mm）	割制
RRIM600	2012	2018	63(8)；57(8)；57(8)；59(8)；63(8)；52(7)；55(7)；62(8)；54(8)；62(8)；61(7)；53(6)；65(8)；64(8)；63(7)；53(7)；57(7)；53(7)；65(7)；61(7)	S/2 d3+2.5%的乙烯利刺激浓度+6次/年+割胶高度1.3米

样点 16 小农场主

地点 北纬 13.40°，东经 107.07°，海拔 141 米。

主要栽培状况 种植面积为 3.0 公顷，主要种植品种为 GT1，采用的栽培模式为 6 米 ×3 米，立地条件为灰壤，不施肥（表 3-57）。

表 3-57 主要栽培状况（样点 16）

品系	定植年份	开割年份	茎围大小及树皮厚度（mm）	割制
GT1	2012	2017	60(9)；62(9)；62(9)；52(7)；59(8)；60(8)；46(8)；71(9)；76(10)；65(9)；59(8)；60(8)；53(7)；61(8)；56(8)；66(9)；56(7)；59(8)；55(9)；67(10)	S/2 d3+2.5%的乙烯利刺激浓度+11次/年+割胶高度 1.0米

样点 17 小农场主

地点 北纬 13.40°，东经 107.02°，海拔高度 140 米。

主要栽培状况 种植面积为 3.0 公顷，主要种植品种为 PB260，采用的栽培模式为 6 米 ×3 米，立地条件为灰壤，不施肥（表 3-58）。

表 3-58 主要栽培状况（样点 17）

品系	定植年份	开割年份	茎围大小及树皮厚度（mm）	割制
PB260	2012	2017	62(8)；68(9)；46(8)；62(7)；49(7)；56(7)；51(8)；65(8)；59(8)；53(7)；52(7)；51(7)；52(7)；56(8)；51(7)；54(7)；53(6)；51(7)；59(8)；57(8)	S/2 d3+2.5%的乙烯利刺激浓度+11次/年+割胶高度 1.0米，死皮发生率高

样点 18 小农场主

地点 北纬 13.42°，东经 104.36°，海拔 114 米。

主要栽培状况 种植面积为 20.0 公顷，主要种植品种为 IRCA130，采用的栽培模式为 6 米 ×3 米，立地条件为灰壤，不施肥（表 3-59）。

表 3-59 主要栽培状况（样点 18）

品系	定植年份	开割年份	茎围大小及树皮厚度（mm）	割制
IRCA130	2012	2018	51(7)；50(8)；44(8)；46(8)；56(8)；46(7)；47(9)；58(8)；58(8)；42(7)；50(9)；51(8)；57(7)；53(9)；50(8)；44(8)；50(9)；58(9)；59(8)；53(8)	S/2 d3+2.5%的乙烯利刺激浓度+11次/年

样点 19 小农场主

地点 北纬 13.42°，东经 104.33°，海拔 108 米。

主要栽培状况 种植面积为 6.0 公顷，主要种植品种为 PB260，采用的栽培模式为 5 米 ×3 米，立地条件为灰壤，不施肥（表 3-60）。

表 3–60 主要栽培状况（样点 19）

品系	定植年份	开割年份	茎围大小及树皮厚度（mm）	割制
PB260	2012	2018	53(8)；50(7)；54(8)；57(7)；66(8)；49(8)；55(8)；54(9)；53(8)；53(8)；52(7)；59(7)；60(7)；56(7)；62(7)；52(7)；54(8)；59(8)；50(8)；56(8)	S/2 d3+2.5%的乙烯利刺激浓度+1次/月

样点 20 小农场主

地点 北纬 13.42°，东经 104.33°，海拔 122 米。

主要栽培状况 种植面积为 1.5 公顷，主要种植品种为 PB260，采用的栽培模式为 5 米 ×3 米，立地条件为灰壤，不施肥（表 3–61）。

表 3–61 主要栽培状况（样点 20）

品系	定植年份	开割年份	茎围大小及树皮厚度（mm）	割制
PB260	2013	2019	47(5)；45(6)；43(7)；49(7)；52(7)；46(7)；46(6)；47(6)；46(6)；48(6)；52(7)；48(7)；49(7)；54(7)；43(7)；50(7)；45(6)；57(7)；44(7)；52(7)	S/2 d3+2.5%的乙烯利刺激浓度+1次/月

样点 21 小农场主

地点 北纬 13.41°，东经 107.55°，海拔 111 米。

主要栽培状况 种植面积为 6.0 公顷，主要种植品种为 GT1，采用的栽培模式为 6 米 ×3 米，立地条件为灰壤，不施肥（表 3–62）。

表 3–62 主要栽培状况（样点 21）

品系	定植年份	开割年份	茎围大小及树皮厚度（mm）	割制
GT1	2011	2018	49(9)；52(9)；50(8)；54(9)；47(7)；45(8)；47(7)；49(8)；50(8)；55(8)；50(8)；44(7)；56(8)；47(7)；49(8)；48(7)；50(7)；59(8)；54(8)；52(7)	S/2 d3+2.5%的乙烯利刺激浓度+1次/月

样点 22 小农场主

地点 北纬 13.41°，东经 106.79°，海拔 107 米。

主要栽培状况 种植面积为 1.0 公顷，主要种植品种为 PB260，采用的栽培模式为 6 米 ×3 米，立地条件为灰壤，不施肥（表 3–63）。

表 3–63 主要栽培状况（样点 22）

品系	定植年份	开割年份	茎围大小及树皮厚度（mm）	割制
PB260	2014	2020	36(5)；40(5)；46(5)；44(6)；43(6)；40(6)；46(6)；45(6)；50(6)；45(6)；40(6)；43(5)；46(7)；53(7)；46(7)；40(6)；48(7)；45(5)；41(5)；46(6)	S/2 d3+2.5%的乙烯利刺激浓度+1次/月

样点 23　小农场主

地点　北纬 13.36°，东经 106.35°，海拔 82 米。

主要栽培状况　种植面积为 6.0 公顷，主要种植品种为 PB260，采用的栽培模式为 6 米 ×3 米，立地条件为灰壤和沙壤，不施肥（表 3–64）。

表 3–64　主要栽培状况（样点 23）

品系	定植年份	开割年份	茎围大小及树皮厚度（mm）	割制
PB260	2010	2016	72(10)；59(8)；74(10)；50(9)；63(9)；64(10)；57(8)；68(10)；61(10)；63(10)；57(8)；68(10)；61(10)；63(10)；62(10)；66(10)；58(10)；63(10)；64(10)；70(10)	S/2 d3+2.5%的乙烯利刺激浓度+8次/年+死皮发生率高

样点 24　小农场主

地点　北纬 13.35°，东经 106.27°，海拔 118 米。

主要栽培状况　种植面积为 6.0 公顷，主要种植品种为 GT1，采用的栽培模式为 6 米 ×3 米，立地条件为灰壤和沙壤，不施肥（表 3–65）。

表 3–65　主要栽培状况（样点 24）

品系	定植年份	开割年份	茎围大小及树皮厚度（mm）	割制
GT1	2005	2012	63(10)；60(10)；56(10)；78(10)；53(10)；65(11)；62(9)；54(10)；62(11)；53(10)；53(10)；65(11)；59(10)；65(11)；59(10)；60(10)；58(10)；56(10)；53(10)；55(11)	S/2 d3+2.5%的乙烯利刺激浓度+8次/年

样点 25　小农场主

地点　北纬 13.35°，东经 106.23°，海拔 106 米。

主要栽培状况　种植面积为 20.0 公顷，主要种植品种为 PB260，采用的栽培模式为 6 米 ×3 米，立地条件为灰壤，不施肥（表 3–66）。

表 3–66　主要栽培状况（样点 25）

品系	定植年份	开割年份	茎围大小及树皮厚度（mm）	割制
PB260	2012	2019	43(8)；43(9)；44(9)；45(10)；41(9)；44(9)；43(9)；45(8)；41(8)；45(10)；45(9)；46(10)；42(10)；47(9)；40(8)；45(10)；47(10)；52(10)；46(10)、47(9)	S/2 d3+2.5%的乙烯利刺激浓度+2次/月+死皮发生率高

样点 26　小农场主

地点　北纬 13.35°，东经 106.19°，海拔 95 米。

主要栽培状况　种植面积为 20.0 公顷，主要种植品种为 GT1，采用的栽培模式为 6 米 ×3 米，立地条件为灰壤和沙壤，不施肥（表 3–67）。

表 3-67 主要栽培状况（样点 26）

品系	定植年份	开割年份	茎围大小及树皮厚度（mm）	割制
GT1	2005	2011	73(10)；69(9)；70(10)；73(10)；74(10)；64(10)；63(11)；76(10)；55(10)；63(11)；68(11)；66(10)；63(10)；73(10)；57(10)；68(11)；63(11)；63(10)；66(11)；78(11)	S/2 d3+2.5%的乙烯利刺激浓度+1次/月

样点 27 小农场主

地点 北纬 13.38°，东经 106.56°，海拔 98 米。

主要栽培状况 种植面积为 2.0 公顷，主要种植品种为 GT1，采用的栽培模式为 6 米 ×3 米，立地条件为红壤，不施肥（表 3-68）。

表 3-68 主要栽培状况（样点 27）

品系	定植年份	开割年份	茎围大小及树皮厚度（mm）	割制
GT1	2007	2014	68(10)；67(10)；57(9)；70(11)；63(9)；63(11)；68(10)；55(10)；54(9)；68(10)；78(10)；74(10)；66(10)；71(10)；74(11)；70(11)；67(10)；68(11)；65(11)；70(10)	S/2 d3+2.5%的乙烯利刺激浓度+1次/月

样点 28 小农场主

地点 北纬 13.38°，东经 106.57°，海拔 81 米。

主要栽培状况 种植面积为 4.0 公顷，主要种植品种为 PB260，采用的栽培模式为 6 米 ×3 米，立地条件为红壤，不施肥（表 3-69）。

表 3-69 主要栽培状况（样点 28）

品系	定植年份	开割年份	茎围大小及树皮厚度（mm）	割制
PB260	2007	2014	70(10)；60(10；74(11)；61(10)；75(11)；64(11)；65(10)；62(11)；68(11)；69(10)；75(11)；77(10)；66(10)；82(11)；76(10)；58(10)；62(10)；67(11)；64(11)；67(10)	S/2 d3+2.5%的乙烯利刺激浓度+1次/月

样点 29 小农场主

地点 北纬 13.38°，东经 106.56°，海拔 76 米。

主要栽培状况 种植面积为 3.0 公顷，主要种植品种为 RRIM712，采用的栽培模式为 6 米 ×3 米，立地条件为红壤，不施肥，抚管较好（表 3-70）。

表 3-70 主要栽培状况（样点 29）

品系	定植年份	开割年份	茎围大小及树皮厚度（mm）	割制
RRIM712	2007	2012	71(10)；67(10)；62(10)；71(10)；88(10)；79(11)；72(10)；66(10)；65(11)；72(10)；87(11)；64(10)；62(11)；62(11)；74(10)；66(11)；55(10)；58(10)；80(10)；66(11)	S/2 d3+2.5%的乙烯利刺激浓度+1次/月

样点 30　小农场主

地点　北纬 13.37°，东经 106.54°，海拔 118 米。

主要栽培状况　种植面积为 7.0 公顷，主要种植品种为 RRIV4，采用的栽培模式为 6 米 ×3 米，立地条件为红壤，不施肥，抚管较好（表 3–71）。

表 3–71　主要栽培状况（样点 30）

品系	定植年份	开割年份	茎围大小及树皮厚度（mm）	割制
RRIV4	2003	2008	63(10)；85(10)；76(10)；64(10)；73(10)；80(10)；66(10)；76(10)；83(10)；88(11)；89(10)；85(10)；83(11)；63(10)；86(11)；87(11)；82(10)；76(10)；80(11)；89(11)	S/2 d3+2.5%的乙烯利刺激浓度+1次/月

样点 31　小农场主

地点　北纬 13.37°，东经 106.47°，海拔 124 米。

主要栽培状况　种植面积为 3.0 公顷，主要种植品种为 GT1，采用的栽培模式为 6 米 ×3 米，立地条件为红壤，不施肥，抚管较好（表 3–72）。

表 3–72　主要栽培状况（样点 31）

品系	定植年份	开割年份	茎围大小及树皮厚度（mm）	割制
GT1	2007	2013	61(8)；71(8)；74(9)；57(8)；82(10)；63(7)；78(10)；67(10)；63(8)；65(8)；66(8)；72(10)；74(10)；59(10)；72(9)；58(8)；69(9)；66(8)；61(8)；71(9)	S/2 d3+2.5%的乙烯利刺激浓度+1次/月

样点 32　小农场主

地点　北纬 13.77°，东经 105.39°，海拔 74 米。

主要栽培状况　种植面积为 2.0 公顷，主要种植品种为 GT1，采用的栽培模式为 6 米 ×3 米，立地条件为灰壤，不施肥（表 3–73）。

表 3–73　主要栽培状况（样点 32）

品系	定植年份	开割年份	茎围大小及树皮厚度（mm）	割制
GT1	2000	2006	86(10)；96(11)；75(10)；86(10)；77(11)；97(11)；87(12)；92(12)；101(14)；82(12)；79(11)；86(12)；102(12)；86(12)；79(13)，88(12)；90(13)；81(11)；82(12)；8(11)	S/2 d3+2.5%的乙烯利刺激浓度+1次/月

样点 33　小农场主

地点　北纬 13.77°，东经 105.39°，海拔 72 米。

主要栽培状况　种植面积为 1.0 公顷，主要种植品种为 RRIM600，采用的栽培模式为 6 米 ×3 米，立地条件为灰壤，不施肥（表 3–74）。

表 3-74 主要栽培状况（样点 33）

品系	定植年份	开割年份	茎围大小及树皮厚度（mm）	割制
RRIM600	2000	2006	81(12)；75(13)；93(13)；77(12)；82(12)；88(12)；86(13)；95(12)；71(11)；73(12)；82(12)；77(12)；77(11)；82(13)；71(11)；80(12)；84(12)；75(11)；85(13)；87(13)	S/2 d3+2.5%的乙烯利刺激浓度+1次/月

样点 34 小农场主

地点 北纬 13.77°，东经 105.39°，海拔 73 米。

主要栽培状况 种植面积为 1.0 公顷，主要种植品种为 PB260，采用的栽培模式为 6 米 ×3 米，立地条件为灰壤，不施肥（表 3-75）。

表 3-75 主要栽培状况（样点 34）

品系	定植年份	开割年份	茎围大小及树皮厚度（mm）	割制
PB260	2000	2006	86(11)；81(12)；76(12)；74(11)；68(11)；72(10)；73(11)；77(12)；79(12)；75(11)；79(12)；71(10)；82(11)；81(11)；75(10)；77(11)；79(10)；74(11)；72(11)；81(12)	S/2 d3+2.5%的乙烯利刺激浓度+1次/月

样点 35 小农场主

地点 北纬 13.77°，东经 105.39°，海拔 80 米。

主要栽培状况 种植面积为 1.0 公顷，主要种植品种为 IRCA18，采用的栽培模式为 6 米 ×3 米，立地条件为灰壤，不施肥（表 3-76）。

表 3-76 主要栽培状况（样点 35）

品系	定植年份	开割年份	茎围大小及树皮厚度（mm）	割制
IRCA18	2000	2006	86(13)；74(13)；78(11)；71(11)；71(11)；80(12)；72(12)；69(11)；67(11)；69(11)；77(12)；82(12)；67(11)；79(13)；71(11)；67(11)；69(11)；81(13)；77(13)；88(13)	S/2 d3+2.5%的乙烯利刺激浓度+1次/月

样点 36 小农场主

地点 北纬 13.77°，东经 105.39°，海拔 81 米。

主要栽培状况 种植面积为 2.5 公顷，主要种植品种为 RRIV4，采用的栽培模式为 6 米 ×3 米，立地条件为灰壤，不施肥（表 3-77）。

表 3-77 主要栽培状况（样点 36）

品系	定植年份	开割年份	茎围大小及树皮厚度（mm）	割制
RRIV4	2008	2014	77(12)；73(12)；67(12)；67(11)；61(11)；63(11)；58(10)；63(11)；64(11)；66(12)；70(12)；68(11)；61(10)；75(12)；77(12)；65(12)；74(13)；74(11)；67(11)；67(11)	S/2 d3+2.5%的乙烯利刺激浓度+1次/月

样点 37　小农场主

地点　北纬 13.78°，东经 105.39°，海拔 77 米。

主要栽培状况　种植面积为 4.0 公顷，主要种植品种为 GT1，采用的栽培模式为 6 米 ×3 米，立地条件为灰壤，不施肥（表 3–78）。

表 3–78　主要栽培状况（样点 37）

品系	定植年份	开割年份	茎围大小及树皮厚度（mm）	割制
GT1	2014	2019	47(5)；48(5)；45(5)；47(6)；48(6)；52(7)；51(6)；46(6)；47(6)；46(6)；47(7)；51(8)；54(8)；54(8)；50(7)；48(6)；51(6)；45(5)；47(6)；48(7)	S/2 d3+2.5%的乙烯利刺激浓度+1次/月+1米的割胶高度

样点 38　小农场主

地点　北纬 13.77°，东经 105.39°，海拔 84 米。

主要栽培状况　种植面积为 7.0 公顷，主要种植品种为 GT1，采用的栽培模式为 6 米 ×3 米，立地条件为灰壤，不施肥（表 3–79）。

表 3–79　主要栽培状况（样点 38）

品系	定植年份	开割年份	茎围大小及树皮厚度（mm）	割制
GT1	2014	2020	47(5)；50(5)；47(5)；50(5)；49(5)；59(6)；53(6)；59(6)；53(6)；52(6)；53(6)；47(5)；55(7)；52(6)；53(6)；49(5)；53(5)；58(7)；51(6)；54(6)	S/2 d3+2.5%的乙烯利刺激浓度+1次/月+1米的割胶高度

样点 39　小农场主

地点　北纬 13.77°，东经 105.40°，海拔 81 米。

主要栽培状况　种植面积为 5.0 公顷，主要种植品种为 PB260，采用的栽培模式为 6 米 ×3 米，立地条件为灰壤，不施肥（表 3–80）。

表 3–80　主要栽培状况（样点 39）

品系	定植年份	开割年份	茎围大小及树皮厚度（mm）	割制
PB260	2014	2020	47(5)；53(7)；52(6)；49(6)；57(6)；55(7)；51(6)；63(8)；46(5)；58(8)；62(7)；49(6)；61(7)；58(6)；49(5)；50(6)；53(6)；58(6)；59(7)；63(8)	S/2 d3+2.5%的乙烯利刺激浓度+1次/月+1米的割胶高度

样点 40　小农场主

地点　北纬 13.76°，东经 105.37°，海拔 86 米。

主要栽培状况　种植面积为 25.0 公顷，主要种植品种为 RRIM600，采用的栽培模式为 6 米 ×3 米，立地条件为红壤，不施肥（表 3-81）。

表 3-81 主要栽培状况（样点 40）

品系	定植年份	开割年份	茎围大小及树皮厚度（mm）	割制
RRIM600	2001	2007	81(12)；75(11)；86(12)；76(10)；79(12)；90(11)；85(12)；67(10)；96(13)；85(12)；73(11)；75(11)；80(11)；69(10)；70(10)；83(10)；73(12)；69(11)；84(12)；70(11)	S/2 d3+2.5%的乙烯利刺激浓度+1次/月+ 1米的割胶高度

样点 41 小农场主

地点 北纬 13.76°，东经 105.37°，海拔 88 米。

主要栽培状况 种植面积为 3.0 公顷，主要种植品种为 GT1，采用的栽培模式为 6 米 ×3 米，立地条件为红壤，不施肥（表 3-82）。

表 3-82 主要栽培状况（样点 41）

品系	定植年份	开割年份	茎围大小及树皮厚度（mm）	割制
GT1	2011	2017	51(7)；55(7)；62(9)；51(7)；52(7)；57(8)；50(7)；49(6)；55(8)；54(8)；59(8)；49(6)；50(6)；56(7)；50(7)；54(8)；53(8)；59(9)；55(7)；55(8)	S/2 d3+2.5%的乙烯利刺激浓度+1次/月+1米的割胶高度

样点 42 小农场主

地点 北纬 13.77°，东经 105.35°，海拔 98 米。

主要栽培状况 种植面积为 15.0 公顷，主要种植品种为 GT1，采用的栽培模式为 6 米 ×3 米，立地条件为红壤加砖红壤，不施肥（表 3-83）。

表 3-83 主要栽培状况（样点 42）

品系	定植年份	开割年份	茎围大小及树皮厚度（mm）	割制
GT1	2013	2020	52(5)；50(5)；54(6)；52(5)；52(5)；51(5)；52(6)；49(4)；44(4)；61(7)；51(5)；48(4)；50(4)；55(7)；50(5)；55(6)；57(7)；48(5)；50(5)；48(5)	S/2 d3+2.5%的乙烯利刺激浓度+1次/月+1.2米的割胶高度

样点 43 小农场主

地点 北纬 13.76°，东经 105.35°，海拔 97 米。

主要栽培状况 种植面积为 8.0 公顷，主要种植品种为 PB260，采用的栽培模式为 6 米 ×3 米，立地条件为红壤加砖红壤，不施肥（表 3-84）。

表 3-84　主要栽培状况（样点 43）

品系	定植年份	开割年份	茎围大小及树皮厚度（mm）	割制
PB260	2013	2020	55(5)；58(7)；56(6)；61(7)；52(5)；46(5)；50(5)；57(6)；57(6)；57(7)；62(7)；58(6)；53(6)；53(6)；55(7)；60(7)；54(6)；56(7)；56(6)；50(5)	S/2 d3+2.5%的乙烯利刺激浓度+1次/月+1.2米的割胶高度

样点 44　小农场主

地点　北纬 13.86°，东经 105.32°，海拔 24 米。

主要栽培状况　种植面积为 8.0 公顷，主要种植品种为 PB260，采用的栽培模式为 6 米 ×3 米，立地条件为灰壤，不施肥（表 3-85）。

表 3-85　主要栽培状况（样点 44）

品系	定植年份	开割年份	茎围大小及树皮厚度（mm）	割制
PB260	2011	2017	64(7)；50(5)；59(7)；62(7)；62(7)；54(6)；68(7)；55(5)；61(7)；57(7)；60(7)；58(6)；54(6)；67(8)；64(8)；59(7)；58(6)；58(7)；81(7)；63(7)	S/2 d3+2.5%的乙烯利刺激浓度+2次/月+1.2米的割胶高度

样点 45　小农场主

地点　北纬 13.87°，东经 105.34°，海拔 27 米。

主要栽培状况　种植面积为 17.0 公顷，主要种植品种为 RRIM600，采用的栽培模式为 6 米 ×3 米，立地条件为灰壤，不施肥（表 3-86）。

表 3-86　主要栽培状况（样点 45）

品系	定植年份	开割年份	茎围大小及树皮厚度（mm）	割制
RRIM600	2009	2015	61(7)；63(7)；58(6)；58(7)；59(6)；55(6)；50(5)；55(7)；62(7)；66(8)；63(8)；55(5)；60(8)；51(5)；58(6)；51(5)；59(6)；53(6)；55(7)；61(8)	S/2 d3+2.5%的乙烯利刺激浓度+1次/月+1.2米的割胶高度

样点 46　小农场主

地点　北纬 13.87°，东经 105.34°，海拔 31 米。

主要栽培状况　种植面积为 3.0 公顷，主要种植品种为 RRIM712，采用的栽培模式为 6 米 ×3 米，立地条件为灰壤，不施肥（表 3-87）。

表 3-87　主要栽培状况（样点 46）

品系	定植年份	开割年份	茎围大小及树皮厚度（mm）	割制
RRIM712	2012	2017	49(7)；52(7)；50(7)；47(6)；51(7)；46(6)；54(8)；48(6)；50(7)；47(7)；51(8)；51(7)；50(7)；51(7)；46(6)；45(6)；53(7)；51(6)；49(6)；53(8)	S/2 d3+2.5%的乙烯利刺激浓度+1次/月+1.0米的割胶高度

样点 47 小农场主

地点 北纬 13.88°，东经 105.35°，海拔 47 米。

主要栽培状况 种植面积为 10.0 公顷，主要种植品种为 PB260，采用的栽培模式为 6 米 ×3 米，立地条件为灰壤，不施肥（表 3–88）。

表 3–88 主要栽培状况（样点 47）

品系	定植年份	开割年份	茎围大小及树皮厚度（mm）	割制
PB260	2010	2017	59(6)；59(6)；67(7)；55(7)；59(7)；58(6)；58(6)；60(7)；56(6)；57(6)；52(5)；58(7)；64(8)；55(7)；56(6)；68(8)；59(7)；67(8)；69(8)；65(7)	S/2 d3+2.5%的乙烯利刺激浓度+1次/月+1.2米的割胶高度

样点 48 小农场主

地点 北纬 13.86°，东经 105.53°，海拔 27 米。

主要栽培状况 种植面积为 15.0 公顷，主要种植品种为 RRIM712，采用的栽培模式为 6 米 ×3 米，立地条件为灰壤，不施肥（表 3–89）。

表 3–89 主要栽培状况（样点 48）

品系	定植年份	开割年份	茎围大小及树皮厚度（mm）	割制
RRIM712	2005	2012	69(11)；54(7)；66(10)；59(9)；61(10)；57(10)；57(9)；65(11)；68(11)；58(8)；65(10)；59(8)；61(10)；53(8)；59(9)；55(9)；55(8)；65(11)；58(10)；59(10)	S/2 d3+2.5%的乙烯利刺激浓度+2次/月+1.2米的割胶高度

4 天然橡胶引种

4.1 柬埔寨引种相关协议、文件说明、许可证和备忘录

从柬埔寨引种相关协议、文件说明、许可证和备忘录，均符合国际规范、国家法律规定。

4.2 中国对外提供橡胶树种质资源原因

中国橡胶树育种主要以“引进国外优良品种与自主选育相结合”的策略，并取得了长足的进步，但总体水平上较在橡胶树育种上的先进国家仍有比较大的差异，具体表现为以下几点。

（1）中国橡胶树的育种目标主要以产量和抗性（抗风、抗寒等）为主，但当下速生高产橡胶树新品种的选育已成为世界主流，我国缺乏橡胶树速生资源，通过引进国外

橡胶树种质资源可扩大资源遗传多样性。

（2）收集数量少。天然橡胶在国际上仍属于不可替代的战略性资源，各国优良种质资源间交流较少，通过国际组织成员国的品种互换，可增进交流。

（3）收集橡胶种质类型单一。以往收集的对象以产业发展急需和生产上已大面积推广应用的育成品种为主，因此造成了所收集的种质资源遗传背景狭窄，多样性不足。

（4）收集种质的生态区域狭窄。以往收集的生态区域主要集中在马来西亚、印度尼西亚等育种技术比较先进且生态类型较好的国家，而印度、越南和泰国等生态区的资源收集量不够。

纵观中国天然橡胶产业发展历史可以清楚地看出，产业的建立与发展在很大程度上得益于我们大量引进境外种质资源，这是中国天然橡胶产业发展的一条成功经验，值得我们认真总结和吸取。在我国经济社会发展的新形势下，未来天然橡胶产业将朝着不断满足人民日益增长需求方向发展，其特点主要表现为适应性范围广和产品多元化。我国现有的种质资源及其利用已不能满足未来天然橡胶产业发展需求，不足以支撑产业未来的发展。除了要进一步加大对现有种质资源的创新利用以外，还需要通过加大境外种质资源的引进力度来增加中国天然资源战略储备，才能确保产业可持续发展。通过境外种质资源引进，以此作为推动力，促进种质资源创新利用，以种质资源创新利用并带动相关加工业发展，从而形成引进与创新的良性循环。

品种交换是增进各植胶国间品种交流的有效手段，也是向国外相关研究单位展现我国橡胶树育种水平的一个较好的平台。开展新一轮国际天然橡胶种植国的橡胶树品种互换，品种资源的输入和引进加速了天然橡胶遗传资源间的交流和利用，为各国天然橡胶产业的发展带来新的动力，增进我国与各植胶国间友好互惠合作，是关系到我国天然橡胶产业发展未来的重大行动，对于我国天然橡胶产业实现全面、协调和可持续发展具有重要的战略意义。

4.3 对外提供橡胶树种质资源说明

在农业农村部“一带一路”国家热带农业资源联合调查与评价项目的资助下，2018年中国热带农业科学院橡胶研究所与柬埔寨橡胶研究所签订联合开展橡胶树品种改良研究合作协议，主要内容是采取种质资源合作形式，向柬埔寨提供我国选育的优良品种，选取柬埔寨提供和考察收集的特色地方品种、优特异资源，进行综合评价，选出骨干亲本，创制新种质和选育新品种。根据协议交换品种目录，此次交流的橡胶树无性系如下。

（1）热研 7-20-59。亲本组合为 RRIM600 × PR107，1966 年从授粉苗中选出，2000 年通过全国农作物品种审定委员会审定（审定编号：国审热作 20000005）。热研 7-20-59 是一个速生高产而相对晚熟的橡胶树优良无性系，在基本试区 1~9 割年干胶产量逐年递增，第 9 割年平均年产干胶为 5.79 千克 / 株，2 057 千克 / 公顷，分别比对照 PR107 增产 86.8% 和 73.4%；1~9 割年平均年产干胶 3.95 千克 / 株，1 467 千克 / 公顷，分别为对照的 175.7% 和 168.6%。该品种抗风能力较强，风害后有较强的恢复生长能力。

（2）热研 7-33-97。亲本组合为 RRIM600×PR107，高产，抗风。1966 年从授粉苗中选出，1995 年通过农业部鉴定［核准编号：(93）农科果鉴字 0197 号］，被评为大规模推广级品种。该品种具有速生高产、抗性强、产胶潜力大、干胶性能好等优良特性。开割前平均年株茎围增长 7.51 厘米，比对照 RRIM600 快 18.0%，开割后平均年株茎围增长 1.94 厘米，比 RRIM600 快 0.48 厘米。1~11 割年平均年产干胶 4.56 千克 / 株和 1 977 千克 / 公顷，分别为 RRIM600 的 131.8% 和 169.6%。抗风能力较强，平均风害累计断倒率为 2.23%，比 RRIM600 低 3.6%；抗白粉病能力也优于 RRIM600。产胶潜力大，干胶性能好。1~11 割年平均干胶含量为 32.6%，比 RRIM600 高 2.3%。干胶理化性能优良。

（3）保亭 936。亲本组合为 RRIM600× 海垦 1，1970 年进入生产性试验，3~5 割年单株年产干胶分别为 6.67 千克、5.49 千克和 4.57 千克，每公顷产干胶分别为对照 RRIM600 的 105.9%~163.4%，平均干胶 30.8%。树冠扫帚形，具有一定的抗风力。1981 年 5 号台风断倒 24.5%，RRIM600 为 42.7%。

（4）红山 67-15。初生代无性系，粤西试验站初级系比区 1~5 割年平均年株产干胶 2.19 千克，为对照 GT1 的 132.7%。1~10 割年平均年株产干胶 3.0 千克，为对照 GTI 的 128.8%，干胶含量与 GT1 相当。红山 67-15 抗寒力比 GT1 强一级。粤西试验站初级系比区，红山 67-15 寒害平均 0.75 级，GT1 为 1.55 级。4 个前哨点寒害平均为 1.93 级，对照 GT1 为 2.83 级。农场 7 个点红山 67-15 平均 1.78 级，对照 GT1 为 3.49 级。1969 年初比区累计断倒率为 11.8%，对照 GT1 为 21.7%。

（5）湛试 8-67-3。亲本组合为天任 31-45×PR107，1967 年从授粉苗中选出，重寒区 1~5 割年平均年产干胶 1.88 千克，其中第 3、第 4 割年平均产量为对照 GT1 产量的 108%，6~7 割年平均年株产干胶 2.45 千克。中寒中风区 1~5 割年平均株年产干胶 1.01 千克，为 GT1 产量的 63.7%，干胶含量第 5~8 割年平均为 32.2%，GT1 为 33.6%。一年生以内小苗 1968 年、1971 年寒害多点资料 3.7 级，对照 93-114 为 3.0 级。割面寒害 1977 年多点资料平均为 1.7 级，对照 93-114 为 2.3 级。

（6）热研 88-13。亲本组合为 RRIM600×PilB84，1965 年选出，1996 年中规模推荐种植。基本试验区 1~8 割年平均年公顷产干胶 1696.5 千克，为对照 RRIM600 的 143.2%，平均单株年产干胶 5.05 千克，为 RRIM600 的 136.7%。1989 年风害调查，该院基本试验区累计断倒率 12.2%，RRIM600 为 17.9%。死皮率 2.99%，与 RRIM600 相当。寒害比 RRIM600 轻，但重寒年份割面受害较敏感。抗白粉病能力稍差。平均死皮率为 2.99%，与 RRIM600 相当。

（7）热研 217。亲本组合为 RRIM513×PR107，干胶含量高，是培育高产品种的重要亲本材料之一。

（8）热研 8-333。亲本组合为热研 88-13× 热研 217，1998 年被评为中规模推广品种，2000 年通过品种审定（审定编号：国审热作 20000006)。高级系比区中，1~7 割年平均公顷年产干胶 2 172 千克，为对照 RRIM600 的 168.8%；平均株产干胶 4.99 千克，为 RRIM600 的 154.8%；1975 年初比区头 5 割年平均株产干胶 4.21 千克，比对照 RRIM600 高产 30.7%。耐寒力较强，至今未发现寒害。风害平均断倒率为 17.6%，略高于 RRIM600（16.0%）。

(9) 93–114。亲本组合为天任 31–45× 合口 3–11，1967 年选育，在广东粤西中风中寒区、轻风中、重寒区、粤东中寒区大规模推广级品种。生长快，抗寒力强，产量中等，据 7~12 个点统计，年平均公顷产干胶 1~5 割年为 688.5 千克，6 割年 973.5 千克，7 割年 1 162.5 千克；在广东湛江南部垦区，第 1 割年平均年株产干胶 0.91~1.23 千克，第 2 割年 1.44~1.23 千克；湛江中部垦区，第 1 割年平均株产干胶 1.05 千克，第 2 割年 1.1 千克，第 3 割年 1.25~1.93 千克，第 4~5 割年 1.5~2.48 千克；湛江北部垦区，第 3 割年平均株产干胶 1.48~1.65 千克。一般第 4 割年后，加低浓度的乙烯利刺激，平均每公顷可产干胶 1 200 千克。

（10）天任 31–45。初生代无性系，1954 年选育，1975 年推广种植，湛江北部重寒区北坡小规模推广种植。产量低，抗寒力强，既抗辐射又抗平流，抗辐射能力比抗平流更强一些，是一个优良的抗寒育种材料和抗寒系比的对照品系。抗风力中等，易感染白粉病。

（11）广西 6–68。初生代无性系，1954 年选育，1975 年推广种植，海南西部轻、中风地区生产性试种，湛江北部轻寒地区中、小规模推广种植。产量较高，初级系比试验中，前 5 割年平均单株年产干胶 4.60 千克，干胶含量开割头两年约 29%，以后 30% 以上。耐风力中等或较差，耐寒力中等。

（12）南华 1。初生代无性系，1966 年选育，1975 年推广种植，广东轻风中寒区大规模推广，海南有寒害威胁的地区小规模推广。产量较高，初级比较试验区内，平均单株年产干胶 2.12 千克，干胶含量 27.4%。抗风力较差，耐寒力较强，是一个较好的抗寒亲本材料。

4.4　IRRDB 成员国品种多边交换备忘录

此备忘录由国际橡胶研究与发展委员会（IRRDB）组织，各参与品种交换成员方在马来西亚吉隆坡 IRRDB 秘书处共同签署。由以下成员方签署协议。

（1）菲律宾橡胶研究所（PRRI）/ 菲律宾农业研究局（BAR）

（2）柬埔寨橡胶研究所（CRRI）

（3）法国国际农艺合作和发展研究中心（CIRAD）

（4）科特迪瓦国家农业研究中心（CNRA）

（5）中国热带农业科学院（CATAS）

（6）危地马拉橡胶协会

（7）印度尼西亚橡胶研究所（IRRI）

（8）喀麦隆农业发展研究所

（9）马来西亚橡胶研究局（MRB）

(10) 缅甸橡胶种植与生产者联合会 (MRPPA)
(11) 印度橡胶研究所 (RRII)
(12) 尼日利亚橡胶研究所 (RRIN)
(13) 斯里兰卡橡胶研究所
(14) 泰国橡胶研究所 (RRIT)
(15) 越南橡胶研究所 (RRIV)
(在下文中仅以供种成员方或接收成员方表示)
所有成员方均同意橡胶树品种多边交换备忘录中的相关内容。

前言:
附件1中所列出的橡胶树品种 (以下简称品种) 在各成员方间共享利用。
协议如下:
1. 签署备忘录的目的
1.1 促进IRRDB成员方的国际合作和能力提升,改善成员方天然橡胶产业水平。
1.2 评价所有交换品种在不同环境条件下的综合表现能力。
2. 内容、职责和保障
2.1 供种成员方职责
2.1.1 供种成员方提供的材料必须满足接收国家植物检疫的要求。
2.1.2 供种成员方负责支付提供材料所产生的包装及运输费用。
2.1.3 供种成员方每个提供交换品种需提供5米的芽条材料。
2.1.4 供种成员方在交换材料运输之前,必须完成所有相关审批出口手续。
2.2 接收成员方职责
2.2.1 接收成员方须遵守本国相关的隔离检疫制度。
2.2.2 接收成员方须每年提交品种试验报告给IEEDB秘书处。
2.2.3 在供种成员方同意的情况下,接收成员方可提供品种给第三方机构,条款2.2.5例外。
2.2.4 接收成员方不得更改交换品种的名称,即使在备忘录到期之后。
2.2.5 所有成员方同意授权泰国橡胶研究所将所有附表1中的品种与秘鲁政府进行分享,以利于秘鲁政府批准IRRDB在该地区收集橡胶树野生种质的计划。
3. 知识产权归属
3.1 接收成员方不得对引进品种申请知识产权保护。
3.2 供种成员方须承认接收成员方对提供品种鉴定所发表的所有文献资料。
4. 备忘录有效期
自签署之日起,该备忘录有效期为15年。若延期,需在成员方的共同协商下进行。
5. 结语
备忘录中包括的所有成员方须遵守备忘录中的所有条款。如有异议,最终的解释权归 IRRDB。

姓名：Dr. Nicomedes P.Eleazar
职位：局长
机构：菲律宾农业研究局

姓名：Mr. Rodolfo L.Galang
职位：所长
机构：菲律宾橡胶研究所

姓名：Mr. Mak Sopheaveasna
职位：所长
机构：柬埔寨橡胶研究所

姓名：Dr. Daniel Barthelemy
职位：部门主管
机构：法国国际农艺合作和发展研究中心

姓名：Dr. Yte Wongbe
职位：局长
机构：科特迪瓦国家农业研究中心

姓名：周建南
职位：副所长
机构：中国热带农业科学院橡胶研究所

姓名：Mr. Carlos Najera
职位：会长
机构：危地马拉橡胶协会

姓名：Dr. Chairil Anwar
职位：所长
机构：印度尼西亚橡胶研究所

姓名：Dr. Neo Woin
职位：局长
机构：喀麦隆农业发展研究所

姓名：Datuk Dr. Salniah binti Ahmad
职位：局长
机构：马来西亚橡胶研究局

姓名：Mr. Hla Myint
职位：顾问
机构：缅甸橡胶种植与生产者协会

姓名：Dr. James Jacob
职位：所长
机构：印度橡胶研究所

姓名：Prof. Osayanmo Igbinosa Eguavoen
职位：执行董事
机构：尼日利亚橡胶研究所

姓名：Dr. W.M.G. Seneviratne
职位：所长
机构：斯里兰卡橡胶研究所

姓名：Mr. Pichcat Prommoon
职位：代理所长
机构：泰国橡胶研究所

姓名：Mr. Phan Thanh Dung
职位：所长
机构：越南橡胶研究所

证明人：
姓名：Datuk Dr. Abd. Aziz bin S.A.KadirW.M.G. Seneviratne
职位：秘书长
机构：国际橡胶研究与发展委员会

交换品种名单

序号	国家（机构）	提供品种数量	推荐品种等级			潜力品种	试验品种
			Ⅰ级	Ⅱ级	Ⅲ级		
1	柬埔寨（CRRI）						
2	喀麦隆						
3	中国（CATAS）	5	热研7-33-97	热研7-20-59	红山67-15 保亭936 湛试8-67-3		
4	科特迪瓦（CNRA）	5	IRCA41 IRCA230 IRCA331	IRCA 317	IRCA804		
5	法国（CIRAD-Michelin）	5	FDR 5788	CDC 312 PMB 1	FDR5240 FDR4575		
6	危地马拉						
7	印度（RRII-IRB）	5	RRII430 RRII417 RRII414 RRII422	RRII 429			
8	印度尼西亚（IRRI）	3	IRR5 IRR104			IRR119	
9	马来西亚（MRB）	5	RRIM2001 RRIM2002 PB350	RRIM 2024 RRIM 2025			
10	缅甸（MRPPA）	2					ARCPC6（22） ARCPC2（4）
11	尼日利亚（RRIN）	3	NIG800 NIG801 NIG803				
12	菲律宾（RRIP）	1	USM1				
13	斯里兰卡（RRISL）	5	RRIC203	RRISL211 RRISL2001 RRISL219	RRISL208		
14	泰国（RRIT）	5	RRIT408 RRIT251 RRIT226	RRIT3604 RRIT3904			
15	越南（RRIV）	5	RRIV1 RRIV5	RRIV106 RRIV107 RRIV114			
	合计	49					

5 育种领域合作需求

中国热带农业科学院橡胶研究所与柬埔寨橡胶研究所签署《关于橡胶树品种交流互换的谅解备忘录》，协议将建立双方合作框架，开展橡胶树品种资源交换、品种选育与试种、高效栽培管理、技术转移等，通过培训、讲座、专题研讨、互访等方式加强协同研究，促进双方的合作交流，定期就双方共同关心的问题进行沟通，确定合作议题，相互促进两国天然橡胶产业的科技进步与发展。

第四章 柬埔寨不同试验区橡胶树主栽品种表现

位明明 中国热带农业科学院橡胶研究所
Phean Chetha Rath Sethy
Lim Khantiva Mak Sopheaveasna 柬埔寨橡胶研究所

柬埔寨橡胶研究所育种研究室负责橡胶树品种选育，以及向全国植胶公司与小农产主推荐表现好且具有产量潜力的橡胶树优良品种。柬埔寨橡胶研究所育种研究室的主要工作包括以下几个方面：引进国外优良无性系与选育适合柬埔寨种植的优良无性系；建立无性系芽条保存与维持的增殖圃；系统研究与评估新品系的农艺性状变现，用于品种推荐。

基于以上几方面的考虑，柬埔寨橡胶研究所在磅湛试验站，以及其他地点与大型植胶公司及小农场主合作建立了橡胶树品种区域试验网络，负责引进橡胶树新品种、建立品种区域试验区以及收集与评估试验数据。

1 品种区域试验区 IR.AA.01

IR.AA.01 位于柬埔寨橡胶研究所在磅湛试验站，该试验点于 1996 年开始种植，2002 年 1 月开割，每年收集及评估该试验点数据，主要目的在于挑选配合力高、生育期短、产量高、抗病，以及适合柬埔寨农业生态系统的橡胶种植材料。

1.1 材料及方法

试验点位于柬埔寨橡胶研究所磅湛试验站的 31CSW 地块，种植 GT1、IRCA130、PB235、PB330、PB280、PB260、IRCA18 和 IRCA111 共 8 个橡胶品种，试验设计为 4 个重复，每个重复种植 75 株树。种植模式为 6 米 ×3 米，面积 6.34 公顷。每次割胶后以克 / 树和千克 / 公顷记录产量，全年观测相关品种的病害。

1.2 结果

统计 8 个品种第 15 割年的平均株次产量（表 4–1），结果显示第 15 割年平均株次产量最高的 3 个品种分别为 PB260（52.7 克）、PB280 和 PB260，其他几个品种的平均株次产量均低于 GT1（44.1 克）。统计 8 个品种前 15 割年的平均株次产量，结果表明前 15

割年平均株次产量最高的品种是 IRCA130（45.0 克），PB235、PB330、PB280、PB260、IRCA18、IRCA111 前 15 割年的平均株次产量紧接其后，GT1 前 15 割年的平均株次产量最低（31.1 克）。

表 4-1　8 个品种 15 个割年的株次产量　单位：克

割年	GT1	IRCA111	IRCA130	IRCA18	PB235	PB260	PB280	PB330
1	16.2	23.0	32.3	25.7	27.8	23.4	21.0	21.5
2	27.6	32.8	49.7	34.4	31.5	30.7	29.8	28.1
3	15.5	30.2	51.1	30.7	34.5	26.2	26.1	24.9
4	22.1	30.6	47.1	34.3	49.2	31.7	28.5	35.0
5	31.4	44.2	62.4	41.6	57.1	44.6	44.3	50.4
6	32.9	41.5	53.2	37.5	54.6	46.3	46.5	50.1
7	33.5	37.2	57.3	38.0	53.2	45.2	36.9	45.4
8	34.9	40.5	38.9	37.3	42.6	43.8	49.9	41.9
9	33.4	37.7	37.3	31.7	35.1	36.9	43.2	37.4
10	32.5	33.7	30.9	32.0	34.0	32.2	37.5	39.2
11	38.1	39.4	60.1	55.1	52.5	43.3	45.1	48.4
12	35.4	35.9	37.0	39.3	32.7	34.6	39.4	36.0
13	42.1	41.3	46.2	48.1	42.5	47.2	46.9	46.7
14	26.4	29.8	29.6	31.0	30.8	31.5	33.9	31.0
15	44.1	41.8	41.6	41.6	40.8	45.7	50.0	52.7
百分比（%）	100	95	94	94	93	104	113	120
平均	31.1	36.0	45.0	37.2	41.3	37.6	38.6	39.2
百分比（%）	100	116	145	120	133	121	124	126

注：表中统计了 8 个品种橡胶树开割后第 1~15 年割胶的株次产量。GT1 为对照品种，其他几个品系为参试品系。在第 15 割年橡胶树进入旺产期，所以统计了第 15 割年各个品种的株次产量，及与对照 GT1 相比的产量百分比。同时统计了各个品种在 1~15 个割年的平均株次产量，及其产量与对照品种的百分比。

统计 8 个品种第 15 割年的单位面积产量（表 4-2），结果显示第 15 割年 PB280 和 PB330 的单位面积产量高于其他几个品种，但低于 GT1 的单位面积产量（2 053 千克 / 公顷）。统计 8 个品种前 15 割年的单位面积总产量，结果表明前 15 割年的单位面积总产量最高的品种是 IRCA130（2 047 千克 / 公顷），PB235、PB330、PB280、IRCA111、PB260、IRCA18 前 15 割年的单位面积总产量紧随其后，GT1 前 15 割年的单位面积总产量最低（23 117 千克 / 公顷）。

表 4-2　8 个品种 15 个割年的单位面积产量　单位：千克 / 公顷

割年	GT1	IRCA111	IRCA130	IRCA18	PB235	PB260	PB280	PB330
1	811	1 280	178	1 220	1 689	1 156	1 157	1 261
2	1 195	1 579	2 241	1 422	1 579	1 407	1 485	1 391
3	717	1 464	2 388	1 324	1 713	1 239	1 249	1 224
4	1 064	1 491	2 345	1 519	2 522	1 563	1 389	1 730

（续表）

割年	GT1	IRCA111	IRCA130	IRCA18	PB235	PB260	PB280	PB330
5	1 397	2 004	2 848	1 699	2 648	1 990	2 027	2 288
6	1 746	2 183	2 807	1 833	2 882	2 446	2 482	2 630
7	1 805	1 991	2 964	1 934	2 855	2 446	1 973	2 503
8	1 712	1 923	1 805	1 657	2 010	2 074	2 354	1 996
9	1 915	1 934	1 675	1 521	1 803	1 838	2 300	1 883
10	1 753	1 627	1 294	1 446	1 643	1 551	1 874	1 856
11	2 055	1 809	1 886	2 381	2 262	1 919	2 196	2 187
12	1 806	1 781	1 844	1 797	1 703	1 724	1 858	1 815
13	1 712	1 559	1 698	1 690	1 634	1 553	1 786	1 770
14	1 374	1 390	1 381	1 293	1 452	1 341	1 610	1 478
15	2 053	1 916	1 757	1 685	1 790	1 642	2 260	2 250
百分比（%）	100	93	86	82	87	80	110	110
平均	1 541	1 729	2 047	1 628	2 012	1 723	1 867	1 884
百分比（%）	100	112	133	106	131	112	121	122
总产量	23 115	25 931	30 711	24 421	30 185	25 849	28 000	28 262
百分比（%）	100	112	133	106	131	112	121	122

注：表中统计了 8 个品种橡胶树开割后第 1~15 年割胶的单位面积产量。GT1 为对照品种，其他几个品系为参试品系。在第 15 割年橡胶树进入旺产期，所以统计了第 15 割年各个品种的单位面积产量，及与对照 GT1 相比的产量百分比。同时统计了各个品种在 1~15 个割年的平均单位面积产量，及其产量与对照品种的百分比。最后还统计了各个品种的总产量，及与对照 GT1 相比的总产量百分比。

1.3 每公顷开割株数

统计 8 个品种第 15 割年的每公顷可开割株数（表 4–3），结果显示 8 个品种第 15 割年的每公顷可开割株数在 331~454 株，开割株数最多的品种为 GT1（454 株），开割株数最少的品种为 PB260（331 株）。

表 4–3 8 个品种第 15 割年的死皮株数

项目	GT1	IRCA111	IRCA130	IRCA18	PB235	PB260	PB280	PB330
开割株数	454	437	406	387	419	331	433	407

1.4 病害

1.4.1 死皮病

统计 8 个品种第 15 割年每公顷开割树的死皮发生率（表 4–4），结果显示 8 个品种第 15 割年每公顷开割树的死皮发生率最高的品种为 PB260 和 IRCA130（死皮发生率

32%)，IRCA18、PB235、PB330、PB280、IRCA111 的死皮发生率紧随其后，GT1 的死皮发生率最低（仅为 9%）。

表 4-4　8 个品种第 14 和第 15 割年的死皮发生率　单位：%

割年	GT1	IRCA111	IRCA130	IRCA18	PB235	PB260	PB280	PB330
14	10	17	22	22	19	37	9	19
15	9	20	32	28	28	32	22	24

1.4.2 白粉病

与第 14 割年相比，8 个品种在第 15 割年的白粉病发生率均较往年有所增加，其中 GT1、PB235、IRCA130 在第 15 割年的白粉病发生情况为中感（表 4-5），其他几个品种的白粉病发生率则较轻。

表 4-5　8 个品种第 14 和第 15 割年的白粉病发生率　单位：%

割年	GT1	IRCA111	IRCA130	IRCA18	PB235	PB260	PB280	PB330
14	17	21	11	14	9	16	14	7
15	54	27	46	27	48	29	17	25

1.5 小结

通过连续 15 年的割胶试验统计，结果显示 IRCA18、PB260、IRCA111、PB280、PB330、PB235、IRCA130 分别与对照 GT1 相比，产量增加幅度在 6%~33%。在第 15 割年，其他 7 个品种的可开割株数均低于 GT1（454 株），8 个品种的死皮发生率在 9%~32%，其中 GT1 的死皮率最低（仅为 9%），IRCA130 与 PB260 的死皮率最高（高达 32%）。在白粉病感病方面，GT1、PB235、IRCA130 对白粉病表现为中感，其他几个品种的白粉病感病率则较低。

2 品种区域试验区 IR.AA.02

IR.AA.02 高比区位于柬埔寨橡胶研究所的磅湛试验站，该试验点于 1996 年开始种植，2002 年 1 月开割，通过每年收集与评估该试验点的品种试验数据，用于挑选出配合力高、生育期短、产量高、抗病，以及适合柬埔寨农业生态系统的橡胶树种植材料。

2.1 材料及方法

试验点位于柬埔寨橡胶研究所磅湛试验站的 31CSW 地块，种植 GT1、PR107、PR255、PR300、PR303、PR306、RRIC101 和 RRIM600 共 8 个橡胶品种，试验设计为 4

个重复，随机区组设计，每个重复种植75株橡胶树。种植模式为6米 ×3米，面积6.34公顷。每次割胶后记录产量，全年观测相关品种的病害。

2.2 结果

统计以上8个品种第15割年的平均株次产量（表4–6），结果显示第15割年平均株次产量最高品种是RRIM600（43.0克），PR306、PR303、PR300、PR255、RRIC101、PR107平均株次产量紧随其后，GT1的平均株次产量均低于（36.5克）。统计8个品种前15割年的平均株次产量，结果表明前15割年RRIC101、RRIM600、PR303、PR306、PR300的平均株次产量相对较高，分别为36.8克、36.4克、35.4克、33.5克和33.3克（表4–6），但PR255、PR107前15割年的平均株次产量却低于GT1的平均株次产量（GT1第15割年的平均株次产量为31.9克）。

表4–6 8个品种前15割年的株次产量　单位：克

割年	GT1	PR107	PR255	PR300	PR303	PR306	RRIC101	RRIM600
1	20.3	18.3	27.0	31.2	20.9	24.2	40.0	20.7
2	23.2	21.4	30.9	28.5	24.9	28.2	44.5	25.5
3	22.4	15.7	24.9	21.9	24.5	22.4	28.5	24.5
4	26.1	15.9	26.5	27.1	28.0	29.7	29.5	32.8
5	30.8	22.4	33.7	33.5	41.5	38.3	39.9	38.6
6	29.8	23.7	27.1	33.9	37.8	34.6	38.3	37.7
7	39.1	19.6	27.1	32.5	42.2	32.3	38.1	39.0
8	39.0	19.7	27.6	32.8	42.7	32.5	39.4	39.7
9	34.9	24.5	31.2	34.7	40.1	35.8	37.1	41.0
10	34.4	25.7	28.2	30.5	38.0	34.6	25.5	38.2
11	30.3	28.1	26.7	31.4	29.5	23.8	37.6	40.1
12	31.7	28.3	35.8	38.4	36.9	34.5	37.0	39.2
13	49.9	41.0	52.4	49.6	50.2	58.5	43.8	48.7
14	30.4	27.0	30.7	32.9	32.5	32.0	33.4	36.8
15	36.5	38.3	39.2	41.2	41.5	41.8	39.2	43.0
百分比（%）	100	105	107	113	114	115	107	118
平均	31.9	24.6	31.3	33.3	35.4	33.5	36.8	36.4
百分比（%）	100	77	98	104	111	105	115	114

注：表中统计了8个品种橡胶树开割后第1~15年割胶的株次产量。GT1为对照品种，其他几个品系为参试品系。在第15割年橡胶树进入旺产期，所以统计了第15割年各个品种的株次产量，及与对照GT1相比的产量百分比。同时统计了各个品种在1~15个割年的平均株次产量，及其产量与对照品种的百分比。

统计 8 个品种第 15 割年每公顷的单位面积产量（表 4-7），结果显示第 15 割年单位面积产量最高的品种是 RRIM600（2 259 千克 / 公顷），PR306、RRIC101、PR255、PR303 的单位面积产量紧随其后，第 15 割年 PR300 与 GT1 的单位面积产量相当，PR107 第 15 割年的单位面积产量最低（1 838 千克 / 公顷）。统计 8 个品种前 15 割年的单位面积平均产量，结果表明 RRIC101、RRIM600、PR303 前 15 割年的单位面积平均产量最高，其他几个品种前 15 割年的单位面积平均产量低于 GT1（1 651 千克 / 公顷）。统计 8 个品种前 15 割年的单位面积总产量，结果表明 RRIC101 前 15 割年的单位面积总产量最高（达到 27 419 千克 / 公顷），RRIM600 和 PR303 前 15 割年的单位面积总产量紧随其后，其他几个品种前 15 割年的单位面积总产量均低于 GT1（24 766 千克 / 公顷）。

表 4-7 8 个品种前 15 割年的单位面积产量 单位：千克 / 公顷

割年	GT1	PR107	PR255	PR300	PR303	PR306	RRIC101	RRIM600
1	1 031	626	967	1 151	1 013	843	2 102	832
2	1 099	842	1 180	1 190	1 096	1 075	1 994	990
3	1 074	973	1 075	989	1 042	926	1 279	1 186
4	1 359	1 016	1 240	1 289	1 279	1 334	1 494	1 682
5	1 466	966	1 481	1 492	1 801	1 657	1 837	1 783
6	1 638	962	1 458	1 792	1 946	1 848	2 010	2 036
7	2 138	1 058	1 451	1 704	2 165	1 735	1 993	2 104
8	2 037	1 022	1 417	1 637	2 096	1 678	1 970	2 045
9	2 013	1 264	1 776	1 889	2 187	1 984	2 011	2 326
10	1 870	1 251	1 509	1 560	1 952	1 809	1 308	2 035
11	1 664	1 305	1 441	1 564	1 499	1 231	1 903	2 155
12	1 723	1 366	1 808	1 894	1 757	1 622	1 933	2 075
13	2 112	1 297	1 938	1 906	1 877	1 860	1 828	1 874
14	1 593	1 273	1 584	1 635	1 541	1 586	1 743	1 953
15	1 949	1 838	2 005	1 956	1 965	2 036	2 014	2 259
百分比（%）	100	94	103	100	101	104	103	116
平均	1 651	1 137	1 489	1 577	1 681	1 548	1 828	1 822
百分比（%）	100	69	90	95	102	94	111	110
总产量	24 766	17 059	22 330	23 648	25 216	23 224	27 419	27 335
百分比（%）	100	69	90	95	102	94	111	110

注：表中统计了 8 个品种橡胶树开割后第 1~15 年割胶的单位面积产量。GT1 为对照品种，其他几个品系为参试品系。在第 15 割年橡胶树进入旺产期，所以统计了第 15 割年各个品种的单位面积产量，及与对照 GT1 相比的产量百分比。同时统计了各个品种在 1~15 个割年的平均单位面积产量，及其产量与对照品种的百分比。最后还统计了各个品种的总产量，及与对照 GT1 相比的总产量百分比。

2.3 每公顷开割株数

统计 8 个品种第 15 割年的每公顷可开割株数，结果显示 8 个品种第 15 割年的每公顷可开割株数在 350~457 株（表 4-8），开割株数最多的品种为 RRIM600（457 株），开割株数最少的品种为 PR300（350 株）。

表 4-8 8 个品种第 15 割年可开割株数统计 单位：株

项目	GT1	PR107	PR255	PR300	PR303	PR306	RRIC101	RRIM600
开割株数	456	413	430	350	431	448	444	457

2.4 病害

2.4.1 死皮病

统计 8 个品种第 15 割年的死皮发生率（表 4-9），结果显示 PR306、RRIC101、PR255、PR107、PR300 第 15 割年死皮发生率相对较高，它们的死皮率在 14.5%~28.9%，PR303 和 RRIM600 的死皮率相对较低，它们的死皮率均低于 GT1 的死皮率（14%）。

表 4-9 8 个品种第 15 割年的死皮发生率统计 单位：%

割年	GT1	PR107	PR255	PR300	PR303	PR306	RRIC101	RRIM600
15	13.7	23.1	18	28.9	11.1	14.5	14.6	13.6

2.4.2 白粉病

在第 15 割年 PR303 和 PR107 的白粉病发生情况为中感，其他几个品种的白粉病发生率则较轻（表 4-10）。

表 4-10 8 个品种第 14 和第 15 割年的白粉病发生率 单位：%

割年	GT1	PR107	PR255	PR300	PR303	PR306	RRIC101	RRIM600
14	10	17	23	11	30	36	16	13
15	7	45	15	14	46	8	7	9

2.5 小结

通过连续 15 年的割胶试验统计，结果显示与对照 GT1 相比，PR303、RRIM600、RRIC101 前 15 割年的单位面积总产量增加幅度在 1%~11%，但 PR107、PR255、PR306、PR300 前 15 割年的单位面积总产量却比对照降低 15%~31%。第 15 割年，8 个品种的可开割株数在 350~457 株，其中 RRIM600 可开割株数最高，其他几个品种第 15 割年的可开割株数均低于 GT1（456 株）。在死皮病方面，8 个品种的死皮发生率在

11%~29%，其中 PR300 的死皮率最高（达到 29%），PR303 的死皮率最低（仅为 11%），IRCA130 与 PB260 的死皮率最高（高达 32%）。在白粉病感病方面，PR303 和 PR107 对白粉病表现为中感，其他几个品种的白粉病感病指数相对较低。

3　品种区域试验区 IR.AA.03

IR.AA.03 高比区位于柬埔寨橡胶研究所的磅湛试验站，该试验点于 1997 年开始种植，2004 年 1 月开割，通过每年收集与评估该试验点的品种试验数据，用于筛选出配合力高、生育期短、产量高、抗病，以及适合柬埔寨农业生态系统的橡胶树种植材料。

3.1　材料及方法

试验点位于柬埔寨橡胶研究所磅湛试验站的 31CSW 地块，种植 GT1、IRCA109、IRCA209、IRCA230、IRCA41、PB217、PB254 和 PB314 共 8 个橡胶品种，试验设计为随机区组设计，4 个重复，每个重复种植 75 株树。种植模式为 6 米 ×3 米，面积 6.34 公顷。每次割胶后记录相关品种产量，全年观测相关品种病害。

3.2　结果

统计以上 8 个品种第 13 割年的平均株次产量（表 4–11），结果显示第 13 割年所有品种的平均株次产量均高于 GT1，其中平均株次产量最高的品种是 IRCA209（表 4–11），PB314、IRCA41、IRCA230、PB217、PB254、IRCA109 的平均株次产量紧随其后。与 GT1 相比，前 13 割年其他几个品种的平均株次产量增幅在 17%~39%，其中 PB314 前 13 割年的平均株次产量最高（达到 49.3 克），PB217、IRCA209、IRCA41、IRCA230、IRCA109、PB254 前 13 割年的平均株次产量紧随其后。

表 4–11　8 个品种前 13 割年的株次产量统计　　单位：克

割年	GT1	IRCA109	IRCA209	IRCA230	IRCA41	PB217	PB254	PB314
1	10.8	18.3	21.7	17.6	17.4	18.1	17.6	35.1
2	26.0	37.9	43.5	34.4	31.8	38.7	25.4	49.7
3	24.7	43.4	36.9	40.2	37.2	43.0	33.1	47.1
4	31.9	39.6	34.5	45.7	39.1	38.1	40.9	46.3
5	33.9	43.8	32.6	45.4	41.4	40.1	40.3	43.9
6	34.4	44.9	35.5	42.2	43.8	45.7	41.5	40.9
7	39.7	45.4	46.1	39.7	42.5	47.6	48.2	50.0
8	33.3	35.7	31.4	34.8	33.1	45.7	31.6	30.9
9	34.9	38.7	48.7	41.4	41.2	54.5	41.4	46.1

（续表）

割年	GT1	IRCA109	IRCA209	IRCA230	IRCA41	PB217	PB254	PB314
10	37.7	35.7	47.3	42.4	40.6	48.2	46.6	48.3
11	53.7	52.6	56.5	52.1	60.6	59.7	55.6	66.9
12	43.3	45.7	56.7	47.1	51.4	62.4	51.1	58.3
13	40.2	43.1	62.0	54.0	55.7	52.5	44.9	56.6
百分比（%）	100	107	154	134	139	131	112	141
平均	34.2	40.4	42.6	41.3	41.2	45.7	39.9	47.7
百分比（%）	100	118	124	121	121	134	117	139

注：表中统计了 8 个品种橡胶树开割后第 1~13 年割胶的株次产量。GT1 为对照品种，其他几个品系为参试品系。在第 13 割年橡胶树进入旺产期，所以统计了第 13 割年各个品种的株次产量，及与对照 GT1 相比的产量百分比。同时统计了各个品种在 1~13 个割年的平均株次产量，及其产量与对照品种的百分比。

统计 8 个品种第 13 割年每公顷的单位面积产量（表 4–12），结果显示第 13 割年单位面积产量最高的品种是 PB314（2 101 千克 / 公顷），IRCA109、IRCA209、PB254、GT1、IRCA230 的单位面积产量紧随其后，PB217 在第 13 割年的单位面积产量最低（1 843 千克 / 公顷），IRCA41 与 GT1（1 651 千克 / 公顷）在第 13 割年的单位面积相当。统计 8 个品种前 13 割年的单位面积平均产量，结果表明前 13 割年 PB314 的单位面积平均产量增幅最大（达到 119%），IRCA109、PB254、PB217、IRCA230、IRCA41、IRCA209 的单位面积产量紧随其后。统计 8 个品种前 13 割年的单位面积总产量，结果表明其他 7 个品种前 13 割年的单位面积总产量与 GT1 相比增产幅度在 1%~19%，其中 PB314 前 15 割年的单位面积总产量最高（达到 25 520 千克 / 公顷），GT1 前 13 割年的单位面积总产量最低（21 432 千克 / 公顷）。

表 4–12　8 个品种前 13 割年的单位面积产量统计　　单位：千克 / 公顷

割年	GT1	IRCA109	IRCA209	IRCA230	IRCA41	PB217	PB254	PB314
1	568	921	1 056	832	822	863	895	1 824
2	964	1 243	1 290	1 210	1 116	1 117	946	1 742
3	1 031	1 656	1 300	1 411	1 303	1 407	1 271	1 632
4	1 671	1 981	1 636	2 198	1 862	1 782	2 074	2 147
5	1 805	2 211	1 556	2 200	1 988	1 911	2 088	2 084
6	1 721	2 099	1 473	1 886	1 934	1 935	1 950	1 739
7	2 168	2 421	2 076	1 986	2 118	2 111	2 422	2 341
8	1 709	1 789	1 314	1 613	1 553	1 895	1 494	1 356
9	1 768	1 897	1 903	1 812	1 800	2 138	1 919	1 874
10	1 737	1 656	1 615	1 687	1 617	1 737	1 892	1 780
11	2 189	2 084	2 257	2 000	2 324	2 149	2 044	2 483

（续表）

割年	GT1	IRCA109	IRCA209	IRCA230	IRCA41	PB217	PB254	PB314
12	2 153	2 225	2 269	2 052	2 257	2 286	2 317	2 417
13	1 948	2 025	2 001	1 874	1 948	1 843	1 989	2 101
百分比（%）	100	104	103	96	100	95	102	108
平均	1 649	1 862	1 673	1 752	1 742	1 783	1 792	1 963
百分比（%）	100	113	101	106	106	108	109	119
总产量	21 432	24 208	21 746	22 779	22 642	23 174	23 301	25 520
百分比（%）	100	113	101	106	106	108	109	119

注：表中统计了 8 个品种橡胶树开割后第 1~13 年割胶的单位面积产量。GT1 为对照品种，其他几个品系为参试品系。在第 13 割年橡胶树进入旺产期，所以统计了第 13 割年各个品种的单位面积产量，及与对照 GT1 相比的产量百分比。同时统计了各个品种在 1~13 个割年的平均单位面积产量，及其产量与对照品种的百分比。最后还统计了各个品种的总产量，及与对照 GT1 相比的总产量百分比。

3.3　每公顷开割株数

统计 8 个品种在第 13 割年的每公顷可开割株数，结果显示 8 个品种第 13 割年的每公顷可开割株数在 280~456 株（表 4-13），每公顷可开割株数最多的品种是 GT1（456 株），开割株数最少的品种为 IRCA41（280 株）。

表 4-13　8 个品种第 13 割年可开割株数统计　单位：株

项目	GT1	IRCA109	IRCA209	IRCA230	IRCA41	PB217	PB254	PB314
开割株数	456	424	317	369	280	298	393	313

3.4　病害

3.4.1　死皮病

统计 8 个品种第 13 割年的死皮发生率（表 4-14），结果显示 8 个品种的死皮率在 9%~41%，其中 IRCA41 第 15 割年的死皮发生率最高（达到 41%），PB314、PB217、IRCA230、IRCA209、PB254、IRCA109 的死皮发生率紧随其后，GT1 的死皮发生率最低（仅为 9%）。

表 4-14　8 个品种第 15 割年的死皮发生率统计　单位：%

割年	GT1	IRCA109	IRCA209	IRCA230	IRCA41	PB217	PB254	PB314
13	9	12	22	23	41	24	18	32

3.4.2 白粉病

在第13割年PR254、PB217和IRCA41的中感白粉病（白粉病感病率在40%~48%），其他几个品种的白粉病发生率则较轻（白粉病感病率在7%~16%）（表4-15）。

表4-15 8个品种第12和第13割年的白粉病发生率 单位：%

割年	GT1	IRCA109	IRCA209	IRCA230	IRCA41	PB217	PB254	PB314
12	28	13	10	31	18	9	22	11
13	9	17	11	16	40	47	48	11

3.5 小结

通过连续13年的割胶试验统计，结果显示，与GT1相比其他7个品种前13割年的单位面积总产量增产幅度在1%~19%，但其他7个品种在第13割年的可开割株数均少于GT1（456株）。在死皮病发生方面，8个品种的死皮发生率在9%~41%，其中IRCA41的死皮率最高（达到41%），GT1的死皮率最低（仅为9%）。在白粉病感病方面，PR254、PB217和IRCA41对白粉病表现为中感，其他几个品种的白粉病感病指数相对较低。

4 品种区域试验区 IR.AA.04

IR.AA.04高比区位于柬埔寨橡胶研究所的磅湛试验站，该试验点1997年种植，2004年1月开割，通过每年收集与评估该试验点的品种试验数据，用于筛选出配合力高、生育期短、产量高、抗病，以及适合柬埔寨农业生态系统的橡胶树种植材料。

4.1 材料及方法

试验点位于柬埔寨橡胶研究所磅湛试验站的31CNS地块，种植AF261、BPM24、GT1、K1、K2、PR261、RRIC110和RRIM712共8个橡胶品种，试验设计为随机区组设计，4个重复，每个重复种植75棵树。种植模式为6米 ×3米，面积6.34公顷。每次割胶后记录相关品种产量，全年观测相关品种病害。

4.2 结果

统计以上8个品种第13割年的株次产量（表4-16），结果显示第13割年K1的平均株次产量最高（达到37.7克），AF261和RRIM712的平均株次产量紧随其后，PR261和RRIC110在第13割年的平均株次产量与GT1相当，BPM24和K2在第13割年的平均株次产量则低于GT1。统计以上8个品种前13割年的平均株次产量，结果表明

RRIM712（46.4 克）、AF261、K1、RRIC110、PR261、BPM24 前 13 割年的平均株次产量均高于 GT1，但 K2 前 13 割年的平均株次产量却低于 GT1（36 克）。

表 4-16　8 个品种前 13 割年的株次产量统计　　单位：克

割年	AF261	BPM24	GT1	K1	K2	PR261	RRIC110	RRIM712
1	24.6	28.9	17.4	32.1	9.6	25.4	14.4	40.4
2	19.3	32.8	22.4	33.7	9.4	22.6	21.8	38.6
3	39.7	44.2	35.6	44.5	23.5	38.4	42.5	54.3
4	34.4	29.3	29.8	31.4	18.1	30.9	36.0	40.8
5	44.6	32.1	34.4	31.3	27.0	38.5	46.8	42.6
6	51.5	35.4	37.6	37.3	31.5	37.5	53.4	49.9
7	47.9	35.7	43.2	47.7	23.1	31.6	43.1	54.3
8	38.2	26.8	37.5	36.6	26.5	37.3	45.3	40.2
9	49.7	36.6	39.1	40.8	37.5	48.6	47.4	46.1
10	55.0	41.9	39.6	42.3	45.0	47.2	41.1	46.2
11	65.9	70.0	56.4	63.8	57.7	53.9	55.4	65.2
12	49.8	39.8	42.4	49.6	41.2	46.8	46.1	50.2
13	37.3	31.4	32.9	37.7	30.8	33.1	32.8	34.1
百分比（%）	113	95	100	115	94	101	100	104
平均	42.9	37.3	36.0	40.7	29.3	37.8	40.5	46.4
百分比（%）	119	104	100	113	81	105	112	129

注：表中统计了 8 个品种橡胶树开割后第 1~13 年割胶的株次产量。AF261 为对照品种，其他几个品系为参试品系。在第 13 割年橡胶树进入旺产期，所以统计了第 13 割年各个品种的株次产量，及与对照 AF261 相比的产量百分比。同时统计了各个品种在 1~13 个割年的平均株次产量，及其产量与对照品种的百分比。

统计 8 个品种第 13 割年每公顷的单位面积产量（表 4-17），结果显示第 13 割年单位面积产量最高的品种是 RRIC110（1 507 千克 / 公顷），K1 和 RRIM712 的单位面积产量紧随其后，其他几个品种单位面积产量却低于对照 GT1（1 395 千克 / 公顷）。统计 8 个品种前 13 割年的单位面积平均产量，结果表明前 13 割年 RRIM712 的单位面积平均产量最高（达到 1 922 千克 / 公顷），RRIC110 与 K1 的单位面积平均产量紧随其后，其他几个品种的单位面积平均产量却低于对照 GT1（1 569 千克 / 公顷）。统计 8 个品种前 13 割年的单位面积总产量，结果表明 3 个品种（K1、RRIC110 和 RRIM712）前 13 割年的单位面积总产量与 GT1 相比增产幅度在 7%~22%，其他 4 个品种前 13 割年的单位面积总产量与对照相比却降低 5%~26%。

表 4-17　8 个品种前 13 割年的单位面积产量统计　　单位：千克 / 公顷

割年	AF261	BPM24	GT1	K1	K2	PR261	RRIC110	RRIM712
1	750	987	694	1 360	261	833	657	1 400
2	665	1 178	894	1 341	289	800	1 014	1 459
3	1 083	1 545	1 290	1 644	743	1 231	1 595	1 780

（续表）

割年	AF261	BPM24	GT1	K1	K2	PR261	RRIC110	RRIM712
4	1 285	1 460	1 433	1 492	834	1 367	1 778	1 887
5	1 689	1 583	1 674	1 497	1 261	1 730	2 343	2 012
6	1 704	1 559	1 610	1 562	1 298	1 510	2 386	2 112
7	1 813	1 846	2 187	2 397	1 121	1 513	2 295	2 696
8	1 361	1 315	1 805	1 747	1 221	1 695	2 295	1 898
9	1 631	1 585	1 793	1 745	1 570	2 003	2 319	2 068
10	1 605	1 512	1 672	1 602	1 663	1 785	1 868	1 900
11	1 603	1 949	1 952	1 868	1 813	1 651	2 031	2 046
12	1 648	1 842	1 997	2 087	1 729	1 924	2 202	2 285
13	1 277	1 346	1 395	1 468	1 271	1 359	1 507	1 441
百分比（%）	92	96	100	105	91	97	108	103
平均	1 393	1 516	1 569	1 674	1 160	1 492	1 868	1 922
百分比（%）	89	97	100	107	74	95	119	122
总产量	18 114	19 707	20 396	21 756	15 074	19 401	24 290	24 984
百分比（%）	89	97	100	107	74	95	119	122

注：表中统计了 8 个品种橡胶树开割后第 1~13 年割胶的单位面积产量。AF261 为对照品种，其他几个品系为参试品系。在第 13 割年橡胶树进入旺产期，所以统计了第 13 割年各个品种的单位面积产量，及与对照 AF261 相比的产量百分比。同时统计了各个品种在 1~13 个割年的平均单位面积产量，及其产量与对照品种的百分比。最后还统计了各个品种的总产量，及与对照 AF261 相比的总产量百分比。

4.3 每公顷开割株数

统计 8 个品种在第 13 割年的每公顷可开割株数，结果显示 BPM24 与 RRIC110 在第 13 割年的每公顷可开割株数超过对照（表 4-18），其他几个品种的每公顷可开割株数均少于 GT1（该品种在第 13 割年的每公顷可开割株数为 376 株）。

表 4-18　8 个品种第 13 割年可开割株数统计　　单位：株

项目	AF261	BPM24	GT1	K1	K2	PR261	RRIC110	RRIM712
开割株数	309	383	376	344	370	372	431	359

4.4 病害

4.4.1 死皮病

统计 8 个品种第 13 割年的死皮发生率，结果显示 8 个品种的死皮发生率在 12%~23%（表 4-19），与 GT1 相比（第 15 割年 15% 的死皮发生率），PR261、K2、K1、AF261、BPM24 和 RRIM712 的死皮发生率要高出 2%~8%，但 RRIC110 第 15 割年的死皮发生率却比 GT1 降低 3%。

表 4-19　8 个品种第 15 割年的死皮发生率统计　单位：%

割年	AF261	BPM24	GT1	K1	K2	PR261	RRIC110	RRIM712
13	23	23	15	22	18	17	12	23

4.4.2　白粉病

在第 13 割年 BPM24 对白粉病的侵害表现出中感（白粉病感病率 47%），其他几个品种的白粉病发生率则相对较轻（白粉病感病率在 9%~31%）（表 4-20）。

表 4-20　8 个品种第 12 和第 13 割年的白粉病发生率　单位：%

割年	AF261	BPM24	GT1	K1	K2	PR261	RRIC110	RRIM712
12	16	31	18	36	33	27	33	43
13	10	47	25	11	9	31	9	12

4.5　小结

通过连续 13 年的割胶试验统计，结果显示与 GT1 相比，3 个品种（K1、RRIC110 和 RRIM712）前 13 割年的单位面积总产量增产幅度在 7%~22%，但其他 4 个品种前 13 割年的单位面积总产量却降低 5%~26%。在可开割株数方面，BPM24 与 RRIC110 第 13 割年的每公顷可开割株数较多，其他几个品种第 13 割年的每公顷可开割株数均少于 GT1（GT1 第 13 割年的每公顷可开割株数为 376 株）。在死皮病发生方面，8 个品种的死皮发生率在 12%~23%，与对照 15% 的死皮发生率相比，PR261、K2、K1、AF261、BPM24、RRIM712 的死皮发生率增幅在 2%~8%，但 RRIC110 的死皮发生率却比对照降低 3%。在白粉病感病方面，BPM24 对白粉病的侵害表现出中感，其他几个品种的白粉病发生率则相对较轻。

5　品种区域试验区 IR.AA.05

IR.AA.05 高比区位于柬埔寨橡胶研究所的磅湛试验站，该试验点于 1999 年开始种植，2005 年 3 月开割，通过每年收集与评估该试验点的参试品种试验数据，用于筛选出配合力高、生育期短、产量高、抗病，以及适合柬埔寨农业生态系统的橡胶树种植材料。

5.1　材料及方法

试验点位于柬埔寨橡胶研究所磅湛试验站的 41CNS 地块，种植 GT1、IRCA41、KV4、PB310、PB324 和 RRIC121 共 6 个橡胶品种，试验设计为随机区组设计，4 个重复，每个重复种植 75 株树。种植模式为 6 米 ×3 米，面积 6.36 公顷。每次割胶后记录相关品种产量，全年观测相关品种病害。

5.2 结果

统计以上6个品种第12割年的株次产量（表4-21），结果显示第6割年KV4的平均株次产量最高（达到43.2克），PB324、PB310、RRIC121和GT1的平均株次产量紧随其后，IRCA41在第12割年的平均株次产量最低（仅为34.8克）。统计以上8个品种前12割年的平均株次产量，结果表明与对照GT1相比，PB324、RRIC121I、PB310、以及KV4前13割年的平均株次产量增幅在2%~23%，但IRCA41前12割年的平均株次产量却比GT1降低2%。

表4-21 6个品种前12割年的株次产量统计 单位：克

割年	GT1	IRCA41	KV4	PB310	PB324	RRIC121
1	19.4	26.1	27.0	25.2	18.2	33.7
2	29.9	30.1	40.9	35.0	27.1	31.2
3	30.3	30.5	43.3	39.0	27.5	27.6
4	34.3	36.3	43.9	45.0	31.1	37.8
5	32.9	36.9	41.2	41.7	30.0	40.3
6	29.8	29.4	40.4	37.8	29.1	35.2
7	40.0	36.7	51.8	51.2	44.4	41.2
8	40.6	37.4	39.0	42.8	42.5	43.5
9	38.2	39.9	40.7	41.9	45.2	44.0
10	39.6	42.3	48.2	48.9	48.8	46.3
11	58.4	43.9	71.2	48.4	54.6	57.0
12	37.8	34.8	43.2	40.0	42.3	39.0
百分比（%）	100	92	114	106	112	103
平均	35.9	35.4	44.2	41.4	36.7	39.7
百分比（%）	100	98	123	115	102	111

注：表中统计了6个品种橡胶树开割后第1~12年割胶的株次产量。GT1为对照品种，其他几个品系为参试品系。在第12割年橡胶树进入旺产期，所以统计了第12割年各个品种的株次产量，及与对照GT1相比的产量百分比。同时统计了各个品种在1~12个割年的平均株次产量，及其产量与对照品种的百分比。

统计6个品种第12割年每公顷的单位面积产量（表4-22），结果显示第12割年单位面积产量最高的品种是KV4（2 259千克/公顷），PB324和RRIC121的单位面积产量紧随其后，但IRCA41和PB310的单位面积产量却低于对照GT1（GT1第12割年的单位面积为1 956千克/公顷）。统计6个品种前12割年的单位面积平均产量，结果表明前12割年PB324、RRIC121、PB310和KV4的单位面积平均产量高于对照GT1，但IRCA41的单位面积平均产量却低于对照GT1（GT1前12割年的单位面积平均为1 734千克/公顷）。统计6个品种前12割年的单位面积总产量，结果表明KV4前12割年的单位面积总产量最高（与对照GT1相比增产122%），PB310、RRIC121和PB324前12

割年的单位面积总产量紧随其后，但 IRCA41 单位面积总产量却低于对照 GT1（仅为对照 GT1 前 12 割年单位面积总产量的 97%）。

表 4-22　6 个品种前 12 割年的单位面积产量统计　　单位：千克 / 公顷

割年	GT1	IRCA41	KV4	PB310	PB324	RRIC121
1	561	460	809	812	582	871
2	1 182	1 072	1 664	1 454	1 125	949
3	1 517	1 519	2 204	1 969	1 409	1 361
4	1 806	1 946	2 371	2 346	1 675	1 981
5	1 568	1 802	1 986	1 960	1 482	1 930
6	1 611	1 627	2 116	1 963	1 602	1 917
7	2 047	1 924	2 565	2 518	2 303	2 132
8	2 196	2 065	2 142	2 303	2 330	2 368
9	1 849	1 963	1 933	1958	2 135	2 106
10	1 670	1 757	1 899	1 974	2 081	2 063
11	2 846	2 176	3 375	2 256	2 729	2 897
12	1 956	1 770	2 259	1 942	2 168	2 062
百分比（%）	100	90	115	99	111	105
平均	1 734	1 673	2 110	1 955	1 802	1 886
百分比（%）	100	97	122	113	104	109
总产量	20 809	20 081	25 323	23 455	21 621	22 637
百分比（%）	100	97	122	113	104	109

注：表中统计了 6 个品种橡胶树开割后第 1~12 年割胶的单位面积产量。GT1 为对照品种，其他几个品系为参试品系。在第 12 割年橡胶树进入旺产期，所以统计了第 12 割年各个品种的单位面积产量，及与对照 GT1 相比的产量百分比。同时统计了各个品种在 1~12 个割年的平均单位面积产量，及其产量与对照品种的百分比。最后还统计了各个品种的总产量，及与对照 GT1 相比的总产量百分比。

5.3　每公顷开割株数

统计 6 个品种在第 12 割年的每公顷可开割株数（表 4-23），结果显示 IRCA41、KV4、PB310、PB324 和 RRIC121 在第 12 割年的每公顷可开割株数均少于对照 GT1（该品种在第 12 割年的每公顷可开割株数为 485 株）。

表 4-23　6 个品种第 12 割年可开割株数统计　　单位：株

项目	GT1	IRCA41	KV4	PB310	PB324	RRIC121
开割株数	485	457	482	458	472	474

5.4 病害

5.4.1 死皮病

统计6个品种第12割年的死皮发生率，结果显示6个品种的死皮率在7%~14%（表4-24），与GT1相比（第12割年7%的死皮率），IRCA41的死皮发生率最高（第12割年的死皮率高达14%）。

表4-24 6个品种第12割年的死皮发生率统计 单位：%

割年	GT1	IRCA41	KV4	PB310	PB324	RRIC121
12	7	14	9	13	11	9

5.4.2 白粉病

在第12割年IRCA41对白粉病的侵害表现出中感（白粉病感病率55%），其他几个品种的白粉病发生率则相对较轻（白粉病感病率在5%~16%）（表4-25）。

表4-25 6个品种第11和12割年的白粉病发生率 单位：%

割年	GT1	IRCA41	KV4	PB310	PB324	RRIC121
11	16	39	27	20	24	15
12	5	55	8	16	10	7

5.5 小结

通过连续12年的割胶试验统计结果显示，与对照GT1相比，4个品种（PB324、RRIC121、PB310和KV4）前12割年的单位面积总产量增产幅度在4%~22%，但IRCA41前12割年的单位面积总产量却比对照降低3%。在可开割株数方面，结果显示IRCA41、KV4、PB310、PB324和RRIC121在第12割年的每公顷可开割株数均少于对照GT1（该品种在第12割年的每公顷可开割株数为485株）。在死皮病发生方面，6个品种第12割年的死皮发生率在7%~14%，与对照GT1相比（7%的死皮发生率），RRIC121、KV4、PB324、PB310和IRCA41的死皮发生率增幅在2%~7%。在白粉病感病方面，第12割年IRCA41对白粉病的侵害表现出中感，其他几个品种的白粉病发生率则相对较轻。

第五章　柬埔寨橡胶园土壤与叶片诊断联合实验室建设和成果

王文斌　罗雪华　　中国热带农业科学院橡胶研究所

近年来，中国热带农业科学院橡胶研究所与柬埔寨橡胶研究所在 IRRDB 等国际组织平台框架内开展了全方位合作交流，并签订了科技合作协议，达成建设天然橡胶联合研究中心的共识。在此基础上，从 2018—2020 年，开展了中国 - 柬埔寨橡胶园土壤与叶片诊断联合实验室建设工作。2018 年主要进行联合实验室建设总体实施方案和工作规划的考察调研及设计，制订实验室建设方案、仪器设备采购计划，为柬方工作人员进行培训等工作；2019 年继续为柬方人员进行土壤农化分析测试技术培训，开展实验室维修改造工作；2020 年调试实验室分析测试设备，建立实验方法体系，实验室试运行，开展橡胶园土壤肥力调查联合研究。

1　联合实验室建设

1.1　柬埔寨橡胶研究所土壤实验室现状实地考察

2018 年，应柬埔寨橡胶研究所的邀请，中国热带农业科学院橡胶研究所周建南研究员、王文斌副研究员、茶正早副研究员、曾霞副研究员、王纪坤副研究员、罗雪华助理研究员六位同志于 5 月 7—13 日共 7 天时间赴柬埔寨执行“一带一路”国家热带农业资源联合调查与评价项目任务。此次出访完成了对柬埔寨橡胶研究所原有土壤实验室的实地调查，并调查了柬埔寨橡胶研究所土壤与叶片诊断联合实验室建设的必要性和紧迫性，为下一步对原有实验室的改造和联合实验室建设方案的设计打下了基础。

在柬埔寨橡胶研究所科技人员 Prak Sann 等的陪同下，考察了位于磅湛省柬埔寨橡胶研究所试验基地内的土壤分析实验室，初步了解了其实验室面积、仪器种类、数量等。实验室包含 5 个房间，总面积约 168 平方米，现有各类仪器 7 台套，含烘箱、定氮仪（含消解仪）、分析天平、粗天平、pH 计、小型振荡器、磁力搅拌器等，仪器主要为受赠而得，仪器产地主要为瑞士、韩国。由于长期未使用且室内并无空调、除湿机等调控，受室内较高的温湿度影响，烘箱已不能接通电源，定氮仪的电源线破损露出铜线，

pH 计的电极失效，其他 4 台小型设备需经校正后方可使用。通过考察，了解到柬埔寨橡胶研究所对联合实验室建设的迫切需求，并交换了建立中柬联合实验室的建设意见，包括仪器设备的购置种类、数量及需配备的实验条件，如水电、空调、通风橱、试验台、化学试剂等，并商议了初步建设方案，为后续签订合作改造协议打下了基础。

12 月，中方研究人员到柬埔寨落实实验室建设内容及方案，调整了仪器设备配置计划及实验室规划方案，柬埔寨橡胶研究所扩充了原有实验室面积，对基础的条件建设进行了落实，有助于下一年度的计划执行。

通过调研，还发现柬埔寨橡胶种植在橡胶树肥料施用与管理、橡胶树营养诊断、实验室仪器设备等方面都远落后于我国，甚至处于空白。因此，有必要在柬埔寨尽早建立中柬联合实验室，为后续进一步开展橡胶园土壤养分测试技术、橡胶树叶片营养诊断技术在柬埔寨橡胶产业上的应用打下基础，也可为我国天然橡胶科技"走出去"提供联合研发平台，支撑我国企业"走出去"，同时为我国实施的"一带一路"倡议做出贡献。

1.2 联合实验室改造建设

根据联合实验室建设的需要，中国热带农业科学院橡胶研究所与柬埔寨橡胶研究所拟在柬埔寨特本克蒙省试验站合作建设土壤植物营养分析实验室，以开展橡胶树营养诊断施肥技术示范。

2019 年 4 月 25 日商讨了实验室改造、维修计划，并签订了中国热带农业科学院橡胶研究所与柬埔寨橡胶研究所柬埔寨橡胶园土壤与叶片诊断联合实验室建设协议。并根据协议编制了详细的实验室改造和维护所需的材料及劳务费等经费预算。2019 年 5—9 月柬埔寨橡胶研究所按照协议进行了联合实验室房屋屋顶、内外墙面、排水沟、实验室台面、门窗的维修，并进行了电路改造。2019 年 9 月 26 日实验室改造结果接受检查。经罗微副所长带队对联合实验室房屋修缮改造、水电条件进行检查发现，联合实验室房屋屋顶、内外墙面、排水沟、实验室门窗均进行了修缮或更新，并进行了电路改造；但也发现实验室内有些插座及电线路的铺设并不完全符合安全用电要求，如均未配置按协议要求所购置的原子吸收光谱仪、高温马福炉等均需单独配置的空气保护开关，需要进一步改造；并且发现室内自来水水压较低，需安装小型增压泵以符合纯水仪进水水压的要求。后又经过 1 个多月的改造，于 2019 年 11 月 15 日对房屋修缮、水电改造情况进行了验收；达到了橡胶园土壤与叶片诊断联合实验室仪器安装、实验室运行所需水电、室内环境条件，可以进行仪器安装调试。

1.3 仪器安装和培训

应柬埔寨橡胶研究所的邀请，周建南研究员、王立丰研究员、桂红星研究员、高宏华副研究员、位明明助理研究员、胡彦师副研究员、张永发助理研究员和罗雪华高级实验师 8 位同志于 2019 年 11 月 25 日至 12 月 6 日共 12 天时间赴柬埔寨执行"一带一路"

热带项目任务。此次出访完成了柬埔寨橡胶土壤与叶片诊断联合实验室 2019 年度改造协议年度验收工作和下一年度工作计划。

进行了柬埔寨橡胶园土壤与叶片营养诊断联合实验室的仪器安装与调试。在验收了实验室房屋修缮情况及仪器安装调试所需试剂药品后，由我方聘请的工程师在柬埔寨橡胶研究所相关人员的协助下，进一步检测了仪器设备安装、调试所需的水、电条件。在确认实验室条件达到要求后，与柬埔寨橡胶研究所相关领导及科研人员一起开箱检验了按协议购置并提前运送到了实验室的 9 台仪器设备，这些设备包括原子吸收光谱仪（含石墨原子化器）、与原子吸收光谱仪配套的自动进样器、紫外 / 可见光分光光度计、高温马福炉、石墨消解仪、石墨电加热板、纯水仪、植物样品粉碎机、土壤球磨仪等；并由工程师进行了仪器设备的安装调试。在仪器安装调试过程中，2 名科研人员接受了现场培训，并能较好地掌握原子吸收光谱仪等 9 台仪器的使用和维护。

经过实验室条件检查、改造、仪器安装调试、人员的仪器维护使用及样品采集、样品测试培训，柬埔寨橡胶园土壤与叶片营养诊断联合实验室已经初步具备土壤与叶片养分常规检测能力，检测指标包括氮、磷、钾常规元素，钙、镁、铁、锰、铜、锌、镉等大、中、微量元素。为下一步对柬埔寨植胶区胶园土壤与植株样品采集及分析、土壤状况调查奠定了良好基础。

2　土壤分析技术培训

2018 年 8 月柬埔寨橡胶研究所 Mak 所长一行 5 人到中国热带农业科学院访问交流，刘国道副院长及橡胶所、环植所有关领导和专家与其进行了座谈与交流。本次访问，柬埔寨橡胶研究所与中国热带农业科学院橡胶所就“一带一路”热带国家农业资源联合调查与开发评价项目合作内容与前景进行了深入交流，并落实了合作工作内容，在进一步推动项目任务方面达成了共识。其中，柬方人员还参与了土壤分析、橡胶育种与繁育、栽培技术等领域的培训，尤其是在土壤植物营养分析方面，指派两名科研人员进行近一个月的培训，参与实验室分析工作实践，并进行田间采样观摩。柬埔寨橡胶研究所 Im Hol 和 Prak Sann2 名科技人员在中国热带农业科学院橡胶研究所儋州实验室参与培训，系统学习了土壤和叶片样品处理以及氮、磷、钾等元素的分析方法。

2019 年 7 月再次邀请科技人员 Im Hol 和 Prak Sann 到海口参加分析技术培训，进行了土壤样品处理、pH 值、全氮、有机质、有效磷、有效钾等常规 5 项测定技术的学习培训，还进行了植物氮、磷、钾、钙、镁测定技术的培训，同时培训了定氮仪、紫外 / 可见分光光度计、火焰光度计、原子吸收光谱仪等大小型相关仪器的操作和维护。为了方便学员学习理解，快速掌握相关分析测试技术，罗雪华高级实验师牵头编写了《土壤和植物样品分析技术手册（英文版）》，并进行系统讲解辅导。

为采用正确的样品采样方法，2019 年 11 月赴柬埔寨橡胶研究所，在该所试验基地的幼龄橡胶园及成龄橡胶园现场指导柬方相关科研人员正确采集胶园土壤和植株样品。2020年受新冠肺炎疫情影响，双方主要通过网络沟通，中方为柬埔寨科技人员进行了橡胶园土壤和叶片采集工作指导，包括样点选择、采样位置、样点分布及样品处理分析方法等方面的指导，使其样品采集工作顺利进行。

通过学习发放技术手册，多位培训老师手把手地教学，学员认真地学习，克服语言上的障碍，在土壤分析技术原理、仪器结构、使用和维护、实验室药品、水电安全知识方面等都有了很大提高，初步掌握了样品前处理、待测液制备和仪器上机操作等土壤、植物相关分析技术，达到了良好的培训效果。

3 柬埔寨橡胶园土壤、橡胶树营养调查

3.1 橡胶园土壤和叶片样品采集工作

2020年，主要进行实验室试运行，并在柬埔寨主要胶园开展土壤及叶片样品采集及分析工作，开展橡胶园土壤肥力调查联合研究。受新冠肺炎疫情影响，2020年示范培训工作主要通过网络沟通进行，在年初通过网络沟通签署年度工作协议，选定了柬埔寨橡胶研究所基地、Chup公司、Snoul公司、蒙多基里省、腊塔纳基里省、磅通省等地的橡胶种植园进行土壤和叶片分析工作。

3.2 试剂药品、耗材准备

柬方按照协议采购了相应试剂、药品共50多种，以测定土壤样品中pH值、有机质、全氮、磷、钾，以及植株样品中氮、磷、钾、钙、镁、铁、锰、铜、锌、镉等各项指标；并接受了由我方购买并运送到的瓶口分液器、移液器、容量瓶、三角瓶等相关玻璃器材共1 995件。

3.3 样品采集与分析

按照协议要求，柬方从2020年开始对多个橡胶种植主要省份进行了土壤、叶片样品的采集和分析，采样点包括位于柬埔寨橡胶研究所基地、Chup公司、Snoul公司、蒙多基里省、腊塔纳基里省、磅通省等地的橡胶园，共采集土壤样品180多个、橡胶叶片样品90多个。对采集的样品进行室内分析测试，实验室进行试运行工作。

3.4 柬埔寨橡胶园土壤、橡胶树叶片营养状况

随着所采集样品分析的后续进行，柬埔寨橡胶园土壤、橡胶树叶片营养状况的调

查将逐步完善，后续将形成其橡胶园土壤肥力及橡胶树营养状况调查报告，并用于进行施肥推荐指导，服务产业发展。

3.5　后续合作计划

在已有实验室建设基础上，继续推进中柬联合实验室建设，深入开展科技合作。主要内容为建立胶园土壤管理信息系统，联合开展柬埔寨胶园土壤地力现状研究；建设橡胶树专用肥配制技术体系，可根据胶园土壤调查及叶片营养诊断结果研发相应专用肥料产品；开展与东南亚及非洲等植胶国的科研学术交流，逐步形成稳定长期合作机制。

第六章　柬埔寨橡胶树种植示范基地建设和成果

王立丰　王真辉　高宏华　王军　曹建华　王纪坤　安锋

中国热带农业科学院橡胶研究所

2018—2020 年期间，中国热带农业科学院橡胶研究所、柬埔寨橡胶研究所和中国“走出去”企业广垦“柬埔寨”农业科技有限公司合作建设柬埔寨橡胶树种植示范基地 4 个。2018 年度建成柬埔寨橡胶苗圃试验示范基地和橡胶树种苗育苗基地共 1 公顷，育苗基地育出苗木 2019 年度定植 1 000 公顷。2019 年度建成割胶与死皮防控示范基地 18.75 公顷。2020 年度建成橡胶树高产高效综合栽培技术示范基地 6.25 公顷，集成示范推广适合柬埔寨生产环境特点的橡胶树育苗技术、割胶与死皮防控技术和高产高效综合栽培技术。

1　橡胶树种苗示范基地建设和技术示范

2018 年 7 月 13—20 日，依托“一带一路”项目，为更好地提升柬埔寨橡胶研究所在栽培、育种领域研究和创新生产的能力，促进我国天然橡胶生产技术在柬埔寨的熟化推广，执行“一带一路”热带国家农业资源联合调查与开发评价项目。谢贵水副所长等专家赴柬埔寨橡胶研究所和广垦（柬埔寨）农业科技有限公司访问。柬埔寨橡胶研究所就中国橡胶树育苗技术及质量控制技术在柬埔寨示范推广，与中国热带农业科学院橡胶研究所签署了《柬埔寨橡胶苗圃试验示范基地建设合作协议》。广垦（柬埔寨）农业科技有限公司与中国热带农业科学院橡胶研究所签署了《柬埔寨橡胶苗圃试验示范基地建设合作协议》。根据示范基地建设需要，广垦（柬埔寨）农业科技有限公司与中国热带农业科学院橡胶研究所在广垦（柬埔寨）农业科技有限公司位于柬埔寨桔井省森波县坎珀占区基地合作建设橡胶树种苗试验示范基地 0.4 公顷。试验和示范推广适合柬埔寨生产环境特点的橡胶树优良苗木标准化生产技术和小筒苗育苗技术。

1.1　育苗基地建设

2018 年，在广垦（柬埔寨）农业科技有限公司基地建设育苗基地 0.4 公顷，开展了规划设计、物资采购、钉桩、安装灌溉设施、挖沟、装袋、排袋、排水、苗床播种和移栽等工作，收集当地主栽品种种子，建成育苗棚，年产籽苗芽接苗 30 000 株以上。

2018年7月至2019年7月，在柬埔寨橡胶研究所特本克蒙省基地建设育苗基地0.6公顷，开展了规划设计、物资采购、钉桩、安装灌溉设施、挖沟、装袋、排袋、排水、苗床播种和移栽等工作，建成400平方米钢架育苗棚。

1.2　开展育苗技术培训示范

为了让柬埔寨科研人员和技术工人扎实掌握籽苗芽接技术，中国热带农业科学院橡胶研究所种苗技术专家王军副研究员分别于2018年7月13—20日在柬埔寨桔井省森波县坎珀占区基地和柬埔寨橡胶研究所特本克蒙省基地培训技术工人100人次；于2018年8月20—24日在中国热带农业科学院橡胶研究所儋州基地培训广垦（柬埔寨）农业科技有限公司和柬埔寨橡胶研究所培训科研人员和技术骨干；于2018年9月10—19日在广垦（柬埔寨）农业科技有限公司柬埔寨桔井省森波县坎珀占区基地培训芽接技术工人6人，在柬埔寨橡胶研究所基地培训技术工人5人。在王军副研究员培训指导下，经过反复练习，当地11名技术工人均可独立操作籽苗芽接苗培育技术。

1.3　芽接苗木应用于田间生产

广垦（柬埔寨）农业科技有限公司示范基地建成后，在中国热带农业科学院橡胶研究所王军副研究员的指导下，广垦（柬埔寨）农业科技有限公司培育新型种苗共计35 000株。其中：小筒苗1 000株（籽苗芽接苗约800株，刚切杆的小苗芽接苗200株）；新育袋育小苗芽接苗7 000株；采用绿色芽条芽接法接活但未截杆的小苗芽接苗27 000株。种植面积1 000公顷。柬埔寨橡胶研究所示范基地建成后，2018年度，柬埔寨橡胶研究所培育新型种苗共计5 000株。其中：小筒苗1 140株（GT1品种220株，IRCA230品种720株，RRIM600品种200株）；新育袋育小苗芽接苗3 900株。2019年大田定植面积6.5公顷4 000株。在大田移栽时发现，新型苗木质量优异。与柬埔寨当地常规袋苗相比，苗木根系长度统一、苗木重量轻（约0.5千克/株）、出圃根系可视化（筒底）的优点。

1.4　中国－柬埔寨合作需求展望

经过技术示范和田间大规模应用，柬埔寨橡胶研究所建议针对籽苗芽接苗和根系发育开展持续研究。后期将继续和中国热带农业科学院橡胶研究所在苗木根系结团性、芽条培育、育苗效率提升、苗木质量等方面进行深入合作研究及示范。

2 柬埔寨割胶与死皮防控示范基地

2.1 建立柬埔寨割胶与死皮防控示范基地

2019 年度，中国热带农业科学院橡胶研究所和柬埔寨橡胶研究所在柬埔寨橡胶研究所特本克蒙省试验站合作建设橡胶树割胶与死皮防控示范基地共 18.75 公顷。示范推广适合柬埔寨生产环境特点的橡胶树割胶与死皮防控技术。其中，死皮修复集成技术示范基地面积 12.5 公顷，割胶示范基地 6.25 公顷。

2.2 橡胶树割胶技术及死皮防治处理技术示范

割胶技术是橡胶生产成本中占比最高的因素，占总成本的 60% ~70%，先进的割胶技术可以大大节约成本，提高生产效率和收入。死皮是橡胶树由于过度采胶等原因导致其树皮乳管不排胶或少排胶的现象，死皮可使橡胶园减产 15%~20%，死皮率可达 20%~50%，死皮防控是近百年来的世界性难题，中国热带农业科学院橡胶研究所王真辉副研究员在这个方面已取得了突破。运用死皮康复合剂和土壤调理剂的技术示范可提高胶工收入和胶园产胶量。为了更好地示范中国的割胶技术和死皮防控技术，与柬埔寨橡胶研究所共同商定了示范方案，并共同实施。结果表明，死皮康复合剂和土壤调理剂均能显著提高死皮恢复率，并能提高产量（表 5–1 和表 5–2）。

表 5–1 死皮处理技术示范田间设计

序号	处理	每重复株数	3次重复总株数
1	死皮康复合剂	20	60
2	土壤调理剂	20	60
3	对照	20	60

表 5–2 死皮处理技术示范结果

序号	处理	每重复株数	产量（千克）
1	死皮康复合剂	60	1.13
2	土壤调理剂	60	0.94
3	对照	60	0.34

表 5-3　割胶示范基地设计

对照	示范
柬埔寨橡胶研究所刺激剂和传统胶刀	中国热带农业科学院橡胶研究所4CJX-303B电动胶刀和柬埔寨橡胶研究所刺激剂
柬埔寨橡胶研究所刺激剂和传统胶刀	中国热带农业科学院橡胶研究所增产素和传统胶刀

表 5-4　割胶试验结果

序号	处理	总株数	割胶次数	产量（千克/公顷）
1	柬埔寨橡胶研究所刺激剂和传统胶刀	530	6	104.0
2	中国热带农业科学院橡胶研究所增产素和传统胶刀	510	6	111.7
3	中国热带农业科学院橡胶研究所4CJX-303B电动胶刀和柬埔寨橡胶研究所刺激剂	488	6	96.3
4	柬埔寨橡胶研究所刺激剂和传统胶刀	498	6	101.5

示范结果表明，中国热带农业科学院橡胶研究所增产素效果好于当地刺激剂，电动胶刀减少产量但提高工作效率（表 5-3 和表 5-4）。随后，我们进行了经济效益等指标分析。

（1）经济效益：中国热带农业科学院橡胶研究所橡胶树先进割胶和死皮防控技术的示范推广带来显著的经济效益。经示范后，割胶和死皮示范基地的生产水平与中国先进水平相当，明显高于当地水平。例如，死皮康复合剂的增产效果比当地提高了 3.32 倍，土壤颗粒剂的增产效果提高了 2.76 倍。增产素效果好于当地刺激剂，增产 7.40%，并且减少耗皮量和死皮率。电动胶刀减少产量 5.13%，但提高工作效率。每名胶工一大可以割 1 500 株胶树。

（2）社会效益：随着示范基地经济效益的提升，在柬埔寨当地也取得了显著的社会效益。

（3）生态效益：在取得经济效益和社会效益的同时，我们遵循柬埔寨政府绿色发展的理念，优先示范当地主栽品种，减少化肥施用量，减少乙烯利浓度和用量，减少橡胶树耗皮量，使示范基地橡胶树的死皮率逐步减少并恢复生产。基地生产水平和生态环境明显高于当地平均水平。

2.3　培训示范

2019 年度，中国热带农业科学院橡胶研究所专家共开展技术培训 6 次，培训柬埔寨当地科技人员和胶工 200 人次以上。

死皮防控技术专家王真辉副研究员培训 2 次，分别于 2019 年 4 月 24 日给柬埔寨科研人员进行橡胶树死皮康复综合技术培训；2019 年 4 月 25 日在柬埔寨橡胶研究所基地培训科技人员和胶工，亲自示范了死皮康复合剂和土壤调理剂的使用方法和注意事项。

高宏华副研究员在柬埔寨橡胶研究所开展培训 2 次，分别于 2019 年 4 月 24 日在柬埔寨橡胶研究所进行橡胶树新型割胶技术装备培训；于 2019 年 4 月 25 日在柬埔寨橡胶研究所基地培训科技人员和胶工，亲自示范了 4CJX–303B 电动胶刀安装、使用与维修技术和增产素涂施技术。

王立丰研究员于 2019 年 4 月 25 日进行橡胶树干胶含量测定仪原理与使用培训，并对仪器操作进行了现场示范。

2019 年 9 月 25 日，中国热带农业科学院农业机械研究所邓怡国副研究员和张园副研究员在对胶园生产情况、生产管理机械、加工技术与装备情况等进行了调研，分别对新型 4GXJ–2 型锂电无刷往复式电动割胶刀和 4CJX–303B 型锂电旋切式电动割胶刀进行了现场演示和培训，发放资料 100 份。

2.4 后续合作计划

通过割胶和死皮示范基地建设，发现柬埔寨的割胶技术水平和割面管理水平相对较低，具体表现为树皮耗皮量较大、乙烯利刺激浓度过高、割面膨胀、大伤特伤严重、割面管理不够精细等。针对以上问题，中国热带农业科学院橡胶研究所专家通过现场指导及时纠正了错误割胶方式，并建议柬方技术人员应对相关农场主进行培训，进一步规范和提高其割胶水平，力争将损失降至最低。

3 橡胶树高产高效示范基地建设与技术示范

3.1 橡胶树高产高效示范基地建设

2020 年度，中国热带农业科学院橡胶研究所和柬埔寨橡胶研究所在柬埔寨橡胶研究所特本克蒙省基地合作建设橡胶树高产高效综合栽培技术示范基地 6.25 公顷。示范推广适合柬埔寨生产环境特点的橡胶树高产高效综合栽培技术。由于受到新冠肺炎疫情的影响，因此采用网络沟通签署协议，选定示范基地地址和立牌。示范基地选在 43 DSE 试验区，详细信息见表 5–5 和表 5–6。

表 5-5　橡胶树高产高效示范基地详细情况

项目	详细信息
示范区名称	43 DSE试验区
品种名称	RRIM 600
种植日期	2007年6月
总面积	6.25公顷
株距	6 米 × 3米
行向	东—西
密度	555株/公顷
总株数	3 468株
开割年份	2014年
割面规划	1/2 割线（第二割面）
刺激浓度	2.5%乙烯利，每年涂6次
基地示范的技术	示范中国热带农业科学院橡胶研究所增产素、2种电动胶刀、2种橡胶树专用化肥和有机肥

表 5-6　示范基地的设计

序号	处理	对照	分析数据
1	4CJX-303B电动胶刀+ 2毫升增产素+2 千克橡胶树专用肥+ 0.5千克有机肥	柬埔寨橡胶研究所刺激剂和传统胶刀	胶乳产量，耗皮量和效率分析
2	4CJX-303B电动胶刀+ 2毫升增产素+2 千克化肥+ 0.5千克有机肥		
3	4CJX-303B电动胶刀+ 2毫升增产素+2 千克橡胶树专用肥		
4	4CJX-303B电动胶刀+ 2毫升增产素+2 千克化肥		
5	4GXJ-2 电动胶刀+ 2毫升增产素+2 千克橡胶树专用肥+ 0.5千克有机肥		
6	4GXJ-2 电动胶刀+ 2毫升增产素+2 千克化肥+ 0.5千克有机肥		
7	4GXJ-2 电动胶刀+ 2毫升增产素+2 千克橡胶树专用肥		
8	4GXJ-2 电动胶刀+ 2毫升增产素+2 千克化肥		

3.2 技术培训

中国热带农业科学院橡胶研究所天然橡胶科技专家通过技术手册（表5–7）、视频和在线形式进行技术指导，效果显著。

表5–7 热科院橡胶研究所橡胶技术培训手册

序号	手册名称	技术专家
1	“死皮康”死皮防控技术示范手册	王真辉
2	充电式锂电旋切采胶机4CJX–303B电动胶刀技术示范手册	高宏华
3	橡胶树高效割面营养增产素技术示范手册	高宏华
4	4GXJ–2型锂电无刷电动割胶刀技术示范手册	曹建华
5	干胶含量测定技术示范手册	王纪坤
6	籽苗芽接技术示范手册	王　军
7	橡胶树轻简化栽培技术示范手册	王纪坤
8	橡胶树缓控释配方肥技术示范手册	林清火
9	橡胶树叶部病害鉴定技术示范手册	张　宇
10	微生物有机肥制备技术示范手册	杨　叶

3.3 技术示范

中国热带农业科学院橡胶研究所专家分别于2020年4月15日在线培训了4GXJ–2型电动胶刀使用方法；2020年4月22日培训了充电式锂电旋切采胶机4CJX–303B电动胶刀、增产素、干胶含量测定仪和轻简化栽培技术使用方法；2020年5月12日进行了死皮防控技术示范；2020年5月27日进行了橡胶树缓控释配方肥和叶部病害鉴定技术示范；2020年5月28日进行了微生物有机肥制备技术示范。

在扎实掌握技术的基础上，柬埔寨橡胶研究所积极开展示范工作，积极建设橡胶树高产高效栽培技术基地。

第七章　中国－柬埔寨天然橡胶科技合作展望

周建南　宋红艳　王翠翠　中国热带农业科学院橡胶研究所

1　中国热带农业科学院橡胶研究所高度重视

中国－柬埔寨天然橡胶科技合作受到中国热带农业科学院橡胶研究所领导和专家的高度重视。2018 年 7 月 13—20 日，中国热带农业科学院橡胶研究所谢贵水副所长等一行 6 人赴柬埔寨橡胶研究所和广垦（柬埔寨）农业科技有限公司访问，在柬埔寨橡胶研究所就中国橡胶树育苗技术及质量控制技术在柬埔寨示范推广和橡胶种质资源联合调查与评价签署了《柬埔寨橡胶苗圃试验示范基地建设合作协议》《育种科研合作协议》。

中国热带农业科学院橡胶研究所周建南研究员（IRRDB 主席）全程指导中国－柬埔寨国际合作工作。于 2019 年 4 月 22 日至 5 月 3 日访问了柬埔寨橡胶研究所特本克蒙省基地，并与 Mak Sopheaveasna 所长及相关专家进行了广泛深入的交流，实地调研了柬埔寨橡胶研究所的种质资源圃、拟改造实验室和拟建设柬埔寨割胶与死皮防控示范基地。经过友好协商，中国热带农业科学院橡胶研究所与柬埔寨橡胶研究所签订《2019 年“一带一路”项目合作协议》，分 3 个子项目：柬埔寨矮化授粉园及品种收集圃的建设与维护管理；建立柬埔寨橡胶土壤与叶片诊断联合实验室；建立柬埔寨割胶与死皮防控示范基地。同时还签订了《橡胶品种交换协议》。

2019 年 9 月 23—27 日，罗微副所长带领代表团与柬埔寨橡胶研究所 Mak Sopheaveasna 所长、主要领导和专家对项目执行、加工技术与装备及生产管理设备领域等方面进行了广泛深入的交流，双方认为项目在种质资源圃、联合实验室和割胶与死皮防控示范基地建设等方面取得了良好的进展，但在胶乳加工和橡胶机械化方面还需要加强合作，并在加工技术与装备及生产管理设备领域方面的合作达成了初步意向。罗微副所长代表中国热带农业科学院橡胶研究所向柬埔寨橡胶研究所赠送了新型 4GXJ-2 型锂电无刷往复式电动割胶刀。

2 天然橡胶科学生产技术示范得到柬埔寨方面认可

天然橡胶科学生产技术示范取得了积极的成果，得到了柬埔寨官方的高度认可。柬埔寨农林渔业部部长 Sakhon Veng 和柬埔寨农业农垦总局常务副局长 Pech Sovanno 分别接见了中国热带农业科学院橡胶研究所的技术专家。2018 年 9 月 15 日柬埔寨农林渔业部 Sakhon Veng 部长一行到柬埔寨橡胶研究所基地现场考察育苗设备大棚、沙床等基础设施建设情况和籽苗芽接实训进展情况，对工作的开展进度给予了赞扬，并希望双方继续加强合作，深化交流。2019 年 11 月 25 日至 12 月 6 日周建南主席带队访问了柬埔寨橡胶研究所位于特本克蒙省的基地，并与 Mak 所长及相关专家共同实地验收柬埔寨橡胶研究所的种质资源圃、联合实验室和柬埔寨割胶与死皮防控示范基地。经过实地验收和材料验收，认为中国热带农业科学院橡胶研究所与柬埔寨橡胶研究所签订的《2019 年“一带一路”项目合作协议》中的 3 个子项目均进展良好，达到验收标准。此外，在死皮康恢复基地，经现场割胶检验，发现死皮康对 5 级死皮树都有恢复作用，土壤调理剂效果明显，得到柬方专家的高度认可。

3 天然橡胶科学技术合作展望

通过“一带一路”项目开展的科技合作，中国热带农业科学院橡胶研究所加强了与柬埔寨橡胶研究所的全面合作，加深了两国橡胶科研人员的相互了解，建立了深厚的友谊，提高了柬埔寨科研人员的科研能力和技术水平，为进一步进行深入长期科技合作及成果示范奠定了坚实的基础。

通过项目的实施，提高了科研人员的外语水平、沟通能力、科研水平、解决技术问题的能力和协调能力，有助于培养一批国际合作型专家人才队伍。

通过项目的实施，把中国热带农业科学院研发的橡胶树育种、栽培、采胶、加工技术在柬埔寨国内进行熟化、本地化、标准化处理，可直接或间接服务于中国企业的“走出去”发展，如柬方科技人员可通过实施本地化的中国橡胶技术为柬埔寨橡胶企业和胶园主提供良好的技术规范，服务当地的橡胶产业，为中国充分利用国内外两种市场两种资源提供了便利。

通过项目的实施，中国在柬埔寨的“走出去”企业可直接受益于中国本地化的橡胶技术示范，为其在橡胶栽培生产技术方面提供良好的技术示范和指导，并建立长期的合作关系，支撑其橡胶产业的发展。

通过项目的实施，中国热带农业科学院橡胶研究所与柬埔寨橡胶研究所建立了稳定的合作平台，通过提升柬埔寨橡胶研究所先进科研技术应用的水平和能力，为其锻造了一支强有力的科研技术队伍，以柬埔寨橡胶研究所为合作典范，辐射东南亚其他国家，以及国际橡胶研究与发展委员会成员单位，扩大中国橡胶科技在“一带一路”沿线橡胶生产国的影响力。2019 年 12 月 12—14 日在中国海口市举办的全球橡胶大会期间，各国与会代表参观中国热带农业科学院橡胶研究所成果时，柬埔寨橡胶研究所的专家主动向与会代表介绍正在该所进行技术示范的种苗繁育技术，引起了东南亚植胶国的极大关注。

通过项目的实施，中国热带农业科学院橡胶研究所与柬埔寨橡胶研究所建立了长期的种质资源收集与育种基地合作框架，为中国橡胶树的“南繁育种”奠定了良好的物质基础。相信在不久的将来，通过共建种质资源收集与育种基地，充分利用柬埔寨的杂交授粉气候条件与橡胶树品种引进便利条件，橡胶树这一长期作物的育种周期将不再漫长，并对双方的橡胶杂交育种和品种选育工作起到积极影响。

通过项目的实施，中国热带农业科学院橡胶研究所与柬埔寨橡胶研究所的专家团队通过技术培训和共建示范基地建立了深厚的友谊和信任，为下一步深入开展项目合作奠定了更为坚实的基础。

参考文献

阿红昌，杨焰平，李国华，等，2009. 云南橡胶树小蠹虫研究 [J]. 热带农业科技，30（1）：1–10.

安锋，林位夫，谢贵水，等，2012. 国内外巴西橡胶树替代作物及技术研发现状 [J]. 热带作物学报，33（6）：1134–1141.

安锋，刘锐金，王纪坤，等，2018. 国家天然橡胶生产保护区橡胶林可持续分类经营模式的思考 [J]. 中国热带农业，83（4）：4–7.

安锋，王纪坤，谢贵水，2017. 一种橡胶园索道式自动割胶收胶装置及方法 [P]. CN108029500A.

安锋，曾宪海，林位夫，2010. 橡胶树乳管膨压的测定技术及其变化规律 [J]. 热带作物学报，31（1）：151–157.

安泽伟，孙爱花，程汉，等，2005. Genetic Diversity among Wild and Cultivated Accessions of *Hevea brasiliensis* (Rubber Tree) Detected by RAPDs and ISSRs [J]. 热带亚热带植物学报，13（3）：246–252.

敖硕昌，和丽岗，肖桂秀，2000. 橡胶树抗寒高产新品种区域性栽培试验初报 [J]. 云南热作科技，23（2）：1–5

敖硕昌，和丽岗，肖桂秀，等，1998. 橡胶树高产抗寒材料云研 77–2、云研 77–4 的选育 [J]. 热带农业科技，19（2）：4–9.

白蕤，李宁，陈汇林，等，2019. 大气环流指数和地面气象要素对海南省橡胶树白粉病的影响 [J]. 植物保护学报，46（4）：770–778.

包杰，张世鑫，史敏晶，等，2014. 橡胶树无性系产胶能力株间一致性分析 [J]. 热带作物学报，35（11）：2173–2178.

贝美容，蔡隽，戚春林，等，2019. 2 种新型种植材料（苗木）橡胶幼树的施肥效应 [J]. 热带作物学报，40（11）：2105–2111.

贝美容，黄艳艳，井玉丹，等，2019. 施用不同配比生物炭对橡胶树根系生长的短期响应 [J]. 热带作物学报，40（6）：1041–1045.

本大卫，2018. 柬埔寨对中国与日本大米贸易比较分析 [D]. 南宁：广西大学.

布仁门德，2016. 中国天然橡胶产业国际合作中的区域选择及建议 [J]. 世界农业（8）：204–208.

蔡海滨，涂敏，孙爱花，等，2018. 橡胶树魏克汉种质分子量与非胶组分含量的比较分析 [J]. 热带农业科学，39（10）：46–49.

蔡吉苗，陈瑶，潘羡心，等，2008. 海南橡胶树棒孢霉落叶病病情调查与病原鉴定 [J]. 热带农业科学，29（5）：1–7.

蔡吉苗，王涓，陈勇，等，2007. 云南橡胶树棒孢霉落叶病病情调查与病原鉴定 [J]. 热带农业科技，30（4）：1-4.

蔡磊，校现周，蔡世英，1999. 乙烯利与橡胶树排胶及死皮关系 [J]. 云南热作科技（4）：18-21.

蔡丽，2011. 不同寄主多主棒孢对橡胶树叶片组织防御酶活性的影响 [J]. 热带农业科学，32（4）：33-38.

蔡志英，黄贵修，2011. 巴西橡胶树炭疽病研究进展 [J]. 西南林业大学学报（自然科学），32（1）：89-93.

蔡志英，李加智，何明霞，等，2009. 三种热雾剂对橡胶树炭疽病大田防治试验 [J]. 热带农业科技，30（3）：10-11.

蔡志英，林春花，翟李刚，等，2013. 橡胶树重要品系对胶孢炭疽菌抗性评价 [J]. 植物保护，39（6）：110-115.

蔡志英，李国华，施玉萍，等，2018. 2017 年西双版纳地区橡胶树白粉病灾情调查与原因分析 [J]. 中国植保导刊，38（1）：29-33.

蔡志英，施玉萍，刘一贤，等，2018. 橡胶树毛色二孢叶斑病的病原菌 [J]. 云南农业大学学报：自然科学版，33(2)：224-232.

曹建华，蒋菊生，林位夫，等，2009. 巴西橡胶树 PR107 生物量研究初探 [J]. 热带农业科学，30（10）：1-8.

曹建华，蒋菊生，陶忠良，等，2010. 不同年龄橡胶树胶乳矿质养分的流失 [J]. 热带作物学报，31（1）：1-5.

曹建华，蒋菊生，杨怀，等，2008. 不同割制对橡胶树胶乳矿质养分流失的影响 [J]. 生态学报，29：2563-2570.

曹建华，陶忠良，蒋菊生，等，2010a. 不同年龄橡胶树 PR107 养分利用效率研究 [J]. 热带作物学报，31（1）：2091-2097.

曹建华，陶忠良，蒋菊生，等，2010b. 不同年龄橡胶树各器官养分含量比较研究 [J]. 热带作物学报，31（8）：1317-1323.

曹建华，陶忠良，赵春梅，等，2011. 不同树龄橡胶树枯落物养分归还比较 [J]. 热带作物学报，32（1）：4-9.

曹建华，谢贵水，赵春梅，等，2012. 橡胶树养分亏缺与死皮病及其对策分析 [J]. 热带农业科学，33（9）：1-5.

曹学仁，车海彦，罗大全，2018. 海南橡胶树暹罗刺盘孢菌群体遗传结构分析 [J]. 植物保护，44（4）：70-73，86.

曹学仁，车海彦，罗大全，2019. 海南橡胶树白粉菌的群体遗传结构研究 [J]. 植物保护，45（2）：121-124.

柴贵强，2018. 橡胶树防雨树伞 [P]. CN207201516U.

陈浩，2019. 柬埔寨经济现代化进程研究（1953—2015）[D]. 昆明：云南师范大学 .

陈怀明，陶锦华，2018. 橡胶树茎基腐病治疗试验初报 [J]. 热带农业科技，41（2）：9-11.

陈建波，莫业勇，陈明文，等，2010. 我国天然橡胶生产潜力分析 [J]. 热带农业工程，34（4）：90-98.

陈健，姚行成，王新龙，等，2018. 橡胶树芽条不同叶蓬芽片的繁殖试验 [J]. 热带农业工程，42（4）：9–11.
陈君兴，周垦荣，蔡儒学，等，2012. 浅谈橡胶树不同割制的割面规划 [J]. 热带农业科学，32（4）：17–21.
陈丽达，2016. 基于产业链的柬中稻米贸易发展策略研究 [D]. 上海：上海工程技术大学 .
陈明文，2016. 我国天然橡胶产业发展形势与因应策略 [J]. 农业经济问题，10：91–94.
陈慕容，罗大全，许来玉，等，2000. 橡胶树褐皮病皮接传染研究 [J]. 热带作物学报，21（3）：15–20.
陈青，姚行成，周珺，等，2016. 胶园大通沟施用有机肥对土壤肥力的影响 [J]. 中国农学通报，32（35）：99–104.
陈青，周珺，王军，等，2018. 不同砧木大小对橡胶树小苗芽接小筒苗生长的影响 [J]. 热带农业科学，38（5）：1–3.
陈青，周珺，王军，等，2018. 遮荫对橡胶树组培苗生长的影响 [J]. 福建农业学报，33（5）：516–519.
陈青，周珺，王军，等，2018. 不同水肥滴灌处理对橡胶树籽苗芽接袋育苗生长的影响 [J]. 南方农业学报，49（3）：525–529.
陈青，周珺，姚行成，等，2016. 不同覆盖材料对幼龄胶园土壤温度的影响 [J]. 热带农业科学，36（6）：1–5.
陈青，周珺，姚行成，等，2017. 不同培养基质对橡胶芽接苗生长的影响 [J]. 热带农业科学，37（8）：11–14.
陈青，周珺，姚行成，等，2017. 不同覆盖材料对幼龄橡胶树生长及其土壤性状的影响 [J]. 贵州农业科学，45（9）：41–44.
陈少伟，2014. 橡胶树新品种热研 7–33–97 不同生产时期丰产栽培管理技术 [J]. 农业科技通讯，8：260–261.
陈世勇，贺军军，利祥伟，等，2014. 橡胶湛试 327–13 籽苗芽接苗冰雹灾害调查 [J]. 农业研究与应用，1：46–49.
陈伟，李创，唐荣年，2019. 应用间隔随机蛙结合连续投影算法检测橡胶树叶片氮含量 [J]. 河南科技大学学报（自然科学版），4（5）：51–56.
陈伟，李江，陈绍安，等，2019. 西双版纳 3 种栽培模式橡胶人工林群落物种多样性研究 [J]. 西部林业科学，48（4）：13–18.
陈先红，王军，林位夫，等，2015. 热研 7–33–97 组培砧木与 5 种接穗嫁接亲合力研究 [J]. 热带农业科学，35（7）：1–4.
陈雄庭，王泽云，吴胡蝶，等，1998. 巴西橡胶树自根幼态无性系的试管微繁 [J]. 作物学报，24（2）：225–230.
陈雄庭，王泽云，吴胡蝶，等，2002. 橡胶树新种植材料——自根幼态无性系 [J]. 热带作物学报，23（1）：19 23.
陈学俊，王英，高和琼，等，2014. 巴西橡胶树‘热研 7–33–97’单染色体显微分离与扩增 [J]. 中国农学通报，30（13）：29–33.
陈艳彬，张永发，王文斌，等，2019. 橡胶树叶片氮素营养特性及其对施氮量的响应 [J]. 热带作物学报，40（5）：831–838.
陈瑶，朱勇，张加云，等，2019. 云南省橡胶树白粉病流行天气适宜度预报研究 [J]. 灾害学，134

（4）：148–152.

陈贻钊，林清火，华元刚，等，2010. 橡胶树叶片高光谱特征分析 [J]. 热带亚热带植物学报，18（3）：293–297.

陈永川，刘忠妹，许木果，等，2019. 西双版纳橡胶林土壤氮的分布特征及与橡胶树生长的关系 [J]. 西南农业学报，32（3）：584–589.

陈永川，许木果，黎小清，等，2019. 西双版纳橡胶林土壤磷的分布及与橡胶生长的关系 [J]. 西北林学院学报，34（4）：64–69.

陈越光，2017. 柬埔寨引进中国直接投资便利化问题与对策研究 [D]. 南宁：广西大学 .

成镜，顾晓川，徐正伟，等，2019. 生根剂对橡胶树组培苗移栽成活率和根系生长的影响 [J]. 热带农业科学，39（10）：1–6.

程志号，丁哲利，王安邦，等，2018. 柬埔寨香蕉产业报告 [J]. 园艺与种苗，38（12）：67–70.

钏相仙，白燕冰，李金涛，等，2012. 云南德宏、临沧天然橡胶产业现状与发展意见 [J]. 热带农业科技，35（2）：9–15.

崔昌华，郑肖兰，郑服丛，2006. 不同来源橡胶树炭疽病菌对 5 种杀菌剂的敏感性测定 [J]. 热带农业科技 29（2）：7–11.

崔莹光，徐凡珍，刘敏，等，2018. 生物炭添加对幼龄橡胶树氮素获取速率的影响 [J]. 东北林业大学学报，46（11）：41–44.

代龙军，项秋兰，黎瑜，等，2012. 巴西橡胶树橡胶粒子蛋白质的 16–BAC/SDS–PAGE 双向电泳及质谱分析 [J]. 中国农业科学，45（11）：2328–2338.

戴利铭，刘一贤，施玉萍，等，2018. 橡胶树可可毛色二孢叶斑病菌生物学特性及药剂筛选试验 [J]. 广东农业科学，45（7）：87–93.

戴雪梅，华玉伟，李哲，等，2013. 橡胶树 PR107 原生质体的分离和培养研究 [J]. 热带农业工程，37（5）：1–4.

戴雪梅，黄天带，李季，等，2014. 不同外植体对橡胶树原生质体分离和再生的影响 [J]. 分子植物育种，12（6）：1259–1264.

戴雪梅，黄天带，孙爱花，等，2011. 橡胶树原生质体培养研究进展 [J]. 热带作物学报，32（10）：1973–1976.

戴雪梅，李哲，华玉伟，等，2013. 橡胶树热研 8–79 原生质体培养再生植株 [J]. 南方农业学报，44（12）：2040–2045.

戴雪梅，杨先锋，辛士超，等，2018. 橡胶树叶片原生质体分离条件的优化 [J]. 热带农业科学，38（3）：46–52.

刀慧娟，乔世明，2013. 西双版纳橡胶树种植引发的环境问题及法律对策探析 [J]. 中央民族大学学报（哲学社会科学版），40（3）：34–38.

刀亚玲，2019. 橡胶树旱害的发生机制及抗旱定植技术 [J]. 农业与技术，337（20）：55–56.

邓军，曹建华，林位夫，等，2008. 橡胶树死皮研究进展 [J]. 中国农学通报，24（6）：456–461.

邓军，林位夫，林秀琴，2008. 橡胶树高产高效栽培影响因素与关键技术 [J]. 耕作与栽培，3：51–54.

邓军，林秀琴，韦焕琦，等，2009. 毛细管柱气相色谱法测定橡胶树胶乳中的乙烯含量及其变化 [J]. 福建农林大学学报（自然科学版），38（6）：600-602.

邓怡国，张园，王业勤，等，2018. 一种全自动割胶设备及其割胶方法 [P]. CN108371047A.

丁华平，刘忠妹，黎小清，2019. 橡胶树施肥时间试验初报 [J]. 河南农业，496（8）：16-17.

丁华平，许木果，陈桂良，2018. 肥料深施对橡胶树叶片养分的影响 [J]. 南方农业，12（36）：99-100.

丁雄飞，刘昌芬，1995. 云南橡胶树灵芝分类研究 [J]. 云南热作科技，18（2）：14-19.

董建华，王秉忠，1994. 橡胶树硝酸还原酶活性及其对稀土微肥的反应 [J]. 热带作物学报 15（1）：17-27.

董经纬，蒋菊生，蒋利军，2008. 海南农垦天然橡胶产业生态系统健康评价研究 [J]. 广西农业科学，39（3）：401-405.

董丽芳，杨军，杨涛，等，2018. 瑞丽市橡胶产业发展现状及对策 [J]. 云南农业，8：42-45.

董明锋，2008. 西双版纳天然橡胶产业发展现状及应对策略 [J]. 广东农工商职业技术学院学报，24（1）：1-4.

窦美安，郭森元，1999. 橡胶树抗寒高产选育种发展方向之探讨 [J]. 热带农业科学，4：1-6.

杜华波，刘勇，2012. 中资企业在老挝发展天然橡胶产业问题分析 [J]. 中国热带农业，2：36-39.

杜亚光，2009. 我国天然橡胶产业发展成就与前景预测 [J]. 中国橡胶，25（6）：21-23.

方家林，龙青姨，华玉伟，等，2013. 橡胶树魏克汉种质群体结构分析 [J]. 基因组学与应用生物学，32（5）：627-632.

冯成天，胡义钰，袁坤，等，2013. 药剂瓶（橡胶树死皮防治液体）[P]. CN304833202S.

冯淑芬，刘秀娟，王绍春，等，1998. 橡胶树炭疽病流行规律研究 [J]. 热带作物学报，4：39-45.

冯淑芬，刘秀娟，郑服丛，等，1998. 橡胶树炭疽菌生物学和侵染特征研究 [J]. 热带作物学报，2：7-14.

符方雄，2009. 海南农垦橡胶树风灾保险分析 [J]. 中国热带农业，5：16-17.

符方雄，张德生，2010. 橡胶树风灾保险处理实践与改进 [J]. 热带农业科技 33（2）：38-42.

符莉，莫业勇，2018. 我国天然橡胶产业发展面临的矛盾和对策建议 [J]. 中国农垦，5：38-40.

傅国华，李隆伟，张德生，2012. 中国 - 东盟天然橡胶空间产业链构建分析 [J]. 经济问题探索，1：55-60.

傅国华，许海平，安建梅，2008. 中国天然橡胶产业比较优势分析 [J]. 中国热带农业，1：8-9.

傅国华，张晖，张德生，2012. 我国天然橡胶“走出去”战略与空间产业链模式的构建 [J]. 农业现代化研究，33（6）：713-716.

傅新，2010. 促进我国天然橡胶产业发展的税收政策探讨 [J]. 财经问题研究，7：44-48.

甘学德，徐娟，2018. 国内外橡胶种苗培育经验总结和探讨 [J]. 热带农业科学，38（8）：7-11.

高和琼，王英，金鸽，等，2009. 橡胶树叶片染色体制片方法的优化 [J]. 热带作物学报，30（5）：565-569.

高和琼，庄南生，王英，等，2009. 橡胶树两个品种的核型分析 [J]. 武汉植物学研究，15（4）：537-540.

高宏华，黄云生，吴明，等，2020. 一种防胶线缠绕的采胶用切削刀 [P]. CN108401840B.

高宏华，罗大全，黄贵修，2008. 巴西橡胶树棒孢霉落叶病概述 [J]. 热带农业科学，28（5）：19-24.

高新生，黄华孙，张晓飞，等，2012. 5 个自主培育橡胶树无性系适应性初探 [J]. 热带作物学报，33（11）：1921-1925.

高新生，李维国，和丽岗，等，2015. 优良品种热研 8-79 在云南勐腊农场试种初报 [J]. 热带农业科学，35（12）：35-40.

高新生，李维国，黄华孙，等，2009. 热研 8-79 旺产期开割树生理特性研究初报 [J]. 中国农学通报 25：275-278.

高秀兵，李增平，李晓娜，等，2010. 橡胶树几种根病的人工接种方法 [J]. 热带作物学报，31（4）：626-630.

高艳，2016. 金银卡集团柬埔寨养殖业系列项目全面启动 [J]. 中国畜牧业，23：16-16.

高子涵，2018. 生物基橡胶的研究进展简述 [J]. 广东化工，47（12）：189-191.

宫丽丹，安锋，林位夫，2007. 4 个品系橡胶树实生苗叶片及根系对水分胁迫的反应 [J]. 中国农学通报，11：371-374.

顾晓川，徐正伟，成镜，等，2018. 植物凝胶和蔗糖对橡胶树体胚植株再生的影响 [J]. 广西植物，38（9）：1164-1171.

官金兰，2018. 数据挖掘技术在橡胶土壤评价中的应用 [J]. 广东农工商职业技术学院学报，34（2）：5-8.

官金兰，2018. 基于数据挖掘的橡胶种植数字化研究 [J]. 科技风，12：151.

郭金斌，2019. 云南景洪市天然橡胶丰产栽培技术应用研究 [J]. 农业工程技术，39（17）：78.

何海宁，2018. 橡胶树防雨帽割胶技术 [J]. 农业与技术，38（6）：212.

何海宁，张凤良，李小琴，等，2019. 47 个橡胶树优树无性系初级系比苗期生长变异分析 [J]. 热带农业科技，42（4）：4-8.

何晶，冯成天，郭秀丽，等，2018. 高浓度乙烯利刺激诱导橡胶树死皮发生过程中的胶乳生理研究 [J]. 西北林学院学报，33（2）：123-128.

何立平，蒋律云，石宗春，等，2019. 勐腊县民营橡胶产业发展与技术服务体系建设 [J]. 中国热带农业，5：23-26.

何立平，佘明徽，王杰，等，2019. 勐腊县天然橡胶产业扶贫中的问题与对策 [J]. 中国热带农业，3：4-9.

何鹏，高乐，韦家少，等，2012. 低磷胁迫对巴西橡胶树幼苗保护酶活性的影响 [J]. 热带作物学报，33（12）：2225-2229.

何鹏，王大鹏，韦家少，等，2012. 低磷胁迫对巴西橡胶树幼苗若干生理代谢指标的影响 [J]. 热带作物学报，33（11）：1976-1979.

何鹏，吴敏，韦家少，等，2011. 不同磷水平对橡胶树磷吸收利用特性的影响 [J]. 中国农学通报，27（19）：14-18.

何鹏，吴敏，韦家少，等，2011. 不同磷水平对橡胶树幼苗氮钾吸收、分配与利用的影响 [J]. 中国农学通报，27（16）：1-6.

何勇，2016. 中国与东盟国家天然橡胶产业竞争与合作分析 [J]. 世界农业，5：130-135.

何长辉，莫业勇，2017. 价格低迷背景下橡胶种植农户生产行为调查分析 [J]. 中国热带农业，6：20-27.

何长辉，莫业勇，刘锐金，2020. 中国天然橡胶生产能力预测分析（2019—2025 年）[J]. 林业经济问题，40（3）：320-327.

何长辉，莫业勇，杨琳，等，2017. 基于农户视角的海南民营胶园林下经济调查研究 [J]. 热带农业科学，37（9）：88-93.
何忠伟，韩啸，余洁，等，2013. 中国天然橡胶产业国际竞争力研究 [J]. 世界农业，10：94-97.
和丽岗，肖桂秀，宁连云，等，2010. 云南橡胶树选育种现状和展望 [J]. 热带农业科技，33（1）：1-4.
贺春萍，李锐，梁艳琼，等，2019. 不同地区橡胶树红根病菌的生物学特性及室内毒力测定 [J]. 热带作物学报，40（3）：522-529.
贺春萍，李锐，吴伟怀，等，2013. 12 种杀菌剂对橡胶树褐根病菌的毒力测定 [J]. 热带作物学报，34（10）：1987-1990.
贺春萍，吴海理，李锐，等，2010. 橡胶树白根病菌生物学研究 [J]. 热带作物学报，31（11）：1981-1985.
贺军军，林钊沐，华元刚，等，2009. 不同施磷水平对橡胶树根系活力的影响 [J]. 中国土壤与肥料，1（5）：16-19.
贺军军，林钊沐，罗微，等，2008. 橡胶树根系生长发育及其影响因素研究进展与展望 [J]. 广东农业科学，5：19-21.
贺军军，姚艳丽，张华林，等，2018. 胶园覆盖对土壤肥力及橡胶树根系活力的影响 [J]. 西南农业学报，31（7）：1444-1450.
洪磊，王颖，张秀娟，等，2009. 农杆菌介导法遗传转化巴西橡胶树转化条件的研究 [J]. 现代农业科学，16（5）：38-40.
胡文军，李增平，吴如慧，等，2018. 橡胶树回枯病病原菌鉴定及其生物学特性测定 [J]. 热带作物学报，39（6）：1146-1152.
胡欣欣，李维国，王祥军，等，2019. 7 个橡胶树品系树皮结构与农艺性状相关性研究 [J]. 中南林业科技大学学报 39：32-38.
胡新梅，罗予彤，2018. 省农业农村厅与柬埔寨驻昆总领事一行交流座谈 [J]. 云南农业，12：84.
胡彦师，曾霞，程汉，等，2009. 橡胶树新种质产排胶特性的初步研究 [J]. 热带作物学报 30（1）：31-36.
胡彦师，程汉，曾霞，等，2009. 13 份橡胶树新种质对乙烯利刺激割制的生理反应 [J]. 中国农学通报，25（17）：282-288.
胡耀华，王钊，舒宜通，等，1982. 橡胶树生物量分配及胶园生产率的研究 [J]. 热带作物学报，1：15-26.
胡义钰，冯成天，刘辉，等，2019. 海藻酸钠 / 壳聚糖基橡胶树死皮康复营养剂微胶囊的制备工艺优化 [J]. 热带作物学报，40（7）：1379-1386.
胡义钰，冯成天，孙亮，等，2018. 橡胶树死皮防治缓释颗粒调理剂造粒工艺的研究 [J]. 中国农业科技导报，20（2）. 139-145.
胡永华，张凤良，李小琴，等，2018. 砧木对橡胶树芽接无性系幼苗生长与叶片性状的影响 [J]. 热带农业科技，41（3）：7-10.
华玉伟，黄天带，孙爱花，等，2013. 橡胶树体胚再生试管改进及其对植株再生和移栽的影响 [J]. 热带农业科学，33（7）：1-3.
华元刚，贝美容，刘海林，等，2019. 氮磷钾配方施肥提升天然橡胶生胶性能 [J]. 热带作物学报，40

（4）：623-628.
华元刚，陈秋波，林钊沐，等，2008. 水肥耦合对橡胶树产胶量的影响 [J]. 应用生态学报，19（6）：1211-1216.
华元刚，黄艳，林钊沐，等，2012. 第 2 代胶园橡胶树营养诊断采样时间的研究 [J]. 中国农学通报，28（13）：32-39.
华元刚，林清火，罗微，等，2006. 氮素供应对橡胶树根系生长的影响 [J]. 中国农学通报，22（6）：421-424.
华元刚，林钊沐，茶正早，等，2012. 胶园土壤化学肥力演变及与橡胶树营养关系的研究 [J]. 热带作物学报，33（3）：397-401.
华元刚，刘海林，贝美容，等，2018. 施肥对天然橡胶胶乳及生胶性能的影响 [J]. 热带作物学报，39（8）：1471-1475.
黄敞，郑勇，王玲玲，等，2019. 电动割胶刀配套电池在橡胶树割胶中应用效果研究 [J]. 安徽农业科学，47（4）：211-214.
黄华，魏博，张迪，等，2018. 割胶设备发展现状与趋势 [J]. 农业工程，8（6）：16-20.
黄坚雄，潘剑，林位夫，等，2015. 全周期间作模式胶园内间作生姜的生长及抗性生理特征 [J]. 热带农业科学，35（3）：1-6.
黄坚雄，潘剑，周立军，等，2015. 全周期间作模式胶园内间作豆薯的产量及其抗逆生理的特征 [J]. 热带作物学报，36（4）：639-644.
黄坚雄，潘剑，周立军，等，2015. 全周期间作模式胶园中间作大豆和玉米的生产力及其抗逆生理特性 [J]. 中国农业大学学报，20（5）：57-65.
黄坚雄，潘剑，周立军，等，2014. 全周期种植模式胶园土壤养分和微生物量碳分布特性 [J]. 热带农业科学，34（7）：1-4.
黄思然，刘皓雪，周璇，等，2020. 中国农企在老挝和柬埔寨的投资概况 [J]. 农经，1：24-29.
黄天带，戴雪梅，周权男，等，2012. 通过继代培养提高橡胶树体胚诱导频率的研究 [J]. 热带作物学报，33（10）：1829-1834.
黄天带，华玉伟，周权男，等，2012. 基因型对橡胶树胚状体遗传转化瞬时表达影响的研究 [J]. 热带农业科学，32（12）：27-32.
黄天带，龙青姨，周权男，等，2012. 系谱和聚类分析在橡胶树内珠被组织培养中应用研究 [J]. 热带作物学报，33（6）：1018-1023.
黄天带，孙爱花，周权男，等，2011. 橡胶树内珠被培养研究进展 [J]. 生命科学研究，15（2）：176-183.
黄先明，2006. 从天然橡胶产业安全角度看中国与东盟的合作 [J]. 黑龙江对外经贸，3：14-15.
黄香，袁夔辉，许来玉，1988. 巴西橡胶树不同树龄、不同高度过氧化物酶和酯酶同工酶变化的探讨 [J]. 热带作物学报，2：25-32.
黄学全，蒋超，2018. 海南垦区橡胶树超低频六天一刀割制研究 [J]. 橡胶科技，16（5）：19-24.
黄艳，林钊沐，华元刚，2010. 两个新品种橡胶树叶片养分周年变化规律研究 [J]. 广东农业科学，37（11）：33-36.

黄珍珠，李寅，陈慧华，等，2018. 基于气象关键因子的广东省橡胶产量预报 [J]. 热带农业科学，38：107–112.

黄志全，2019. 橡胶树超低频六天一刀割制试验研究 [J]. 基层农技推广，7（8）：23–25.

简日明，许浩，2018. 海南垦区橡胶树五天一刀割制的效应 [J]. 橡胶科技，16（10）：42–44.

姜玲，2020. 中国对柬埔寨国际援助的贸易效应研究 [D]. 广州：广东外语外贸大学 .

蒋桂芝，2011. 云南橡胶树死皮病与立地环境关系调查 [J]. 热带农业科技，34（4）：8–10.

蒋桂芝，李健祥，罗宗云，2012. 橡胶树死皮病与割胶技术相关因素分析 [J]. 热带农业科技，35（1）：1–3.

蒋桂芝，李丽，刘一贤，等，2019. 橡胶树茎干褐斑病病原鉴定及室内防治药剂筛选 [J]. 热带农业科技，42（4）：15–20.

蒋桂芝，刘静，李国华，2015. 镰刀菌引起的橡胶树两种新病害 [J]. 西南大学学报（自然科学版）：42–47.

蒋桂芝，苏海鹏，2014. 橡胶树死皮病病因的思考和实践 [J]. 热带农业科技，37（1）：1–5.

蒋桂芝，陶建祥，刘一贤，等，2018. 橡胶树速衰病的病原菌种类鉴定 [J]. 植物保护，44（3）：55–60.

蒋桂芝，田海，陶建祥，2019. 橡胶籽苗茎腐病原菌鉴定 [J]. 热带农业科技，42（3）：12–14.

蒋桂芝，王勇芳，周明，2014. 两种镰刀菌引起的橡胶树病害 [J]. 热带农业科技，37（2）：1–2.

蒋桂芝，王勇芳，周明，等，2014. 腹状镰刀菌引起的橡胶树基腐病的分离鉴定 [J]. 广东农业科学，41（4）：100–101.

蒋桂芝，杨焱，苏海鹏，等，2009. 西双版纳橡胶树死皮病症状调查 [J]. 热带农业科技，32（2）：1–5.

蒋俊，2018. 橡胶树高产高效种植管理的体会 [J]. 现代园艺，20：219–219.

金华斌，田维敏，史敏晶，2017. 我国天然橡胶产业发展概况及现状分析 [J]. 热带农业科学，37（5）：98–104.

康秀晗，李欢，刘聪聪，等，2018. 树干乙烯利处理对橡胶树叶片蔗糖代谢的影响 [J]. 分子植物育种，16（13）：4395–4402.

黎小清，陈桂良，丁华平，等，2019. 基于微信公众平台的橡胶树栽培技术服务系统 [J]. 中国农学通报，35（8）：129–135.

黎小清，陈桂良，许木果，等，2020. 江城橡胶公司橡胶树叶片养分时空变化特征 [J]. 热带农业科技，43（2）：1–8.

黎小清，余凌翔，李春丽，等，2012. 东风农场橡胶树施肥 GIS 数据模型的建立和数据处理 [J]. 热带农业科技，35（4）：5–7.

黎燕飞，潘俊任，蒋一帆，2018. 三种不同品系天然橡胶胶乳的性能研究 [J]. 热带农业科学，38（7）：90–94.

李发昌，胡卓勇，洪支荣，等，2018. 橡胶树抗病增胶灵研制与示范推广 [J]. 热带农业科技，41（1）：5–9.

仇键，吴明，杨文凤，等，2014. 橡胶树 RRIM600 不同乙烯浓度气刺微割的干胶产量和生理效应 [J]. 热带作物学报，35（8）：1487–1491.

仇键，校现周，高宏华，等，2020. 中龄 PR107 和热研 7–33–97 橡胶树“六天一刀”割制的刺激技术及适应性研究初报 [J]. 热带作物学报，41（3）：1–13.

仇键，杨文凤，吴明，等，2014. 橡胶树 PR107 不同乙烯浓度气刺微割的产量和生理效应 [J]. 广东农业科学，14（8）：74-77.

单启恒，曾耿狄，王萌，等，2018. 15% 阿维菌素・吡唑醚菌酯・三唑酮热雾剂配方研制 [J]. 农药学学报，20（3）：384-389.

单启恒，曾耿狄，王萌，等，2018. 15% 阿维菌素・嘧菌酯・咪鲜胺热雾剂的研制 [J]. 现代农药（3）：33-35.

曾海联，2013. 提升海南天然橡胶产业竞争力的思考 [J]. 新经济（17）：78-80.

曾欢欢，刘文杰，吴骏恩，等，2019. 西双版纳地区丛林式橡胶林内植物的水分利用策略 [J]. 生态学杂志，38（2）：394-403.

曾欢欢，吴骏恩，刘文杰，2019. 丛林式橡胶林内植物水分利用效率与叶片养分含量 [J]. 亚热带植物科学，48（2）：125-133.

曾日中，黎瑜，1997. 巴西橡胶树胶乳核酸含量与产量及死皮关系的研究 [J]. 热带作物学报，18（1）：10-15.

曾霞，胡彦师，方家林，等，2007. 橡胶树 1981' IRRDB 野生种质主要性状鉴定：1986—1994 年大田鉴定区 [J]. 植物遗传资源学报，8（1）：35-40.

曾霞，李维国，高新生，等，2013. 巴西橡胶树选育种研究现状、趋势及我国的研究策略 [J]. 热带农业科学，33（6）：30-36.

曾霞，李维国，胡彦师，等，2006. 5 龄热试 99 橡胶树乳管特征及其与生长和产量的关系 [J]. 热带作物学报，27（3）：1-4.

曾宪海，林位夫，谢贵水，2003. 橡胶树旱害与其抗旱栽培技术 [J]. 热带农业科，23（3）：52-59.

曾宪海，林位夫，谢贵水，等，2009. 水分胁迫条件下橡胶树种子的萌发特性及其萌发模型的优选 [J]. 热带农业工程，33（4）：27-32.

曾宪海，林位夫，谢贵水，等，2007. 高渗液浸种对橡胶树种子活力和幼苗生长的影响 [J]. 热带农业科学，27（2）：1-5.

曾宗强，陈美，张北龙，等，2008. 橡胶树品种及凝固工艺对天然橡胶性能的影响 [J]. 热带农业科技，31（3）：9-12.

祖兴，赵建文，翟琪麟，等，2012. EMS 诱导巴西橡胶树花药次生体细胞胚突变方法初探 [J]. 热带农业科学，32（2）：32-35.

BUNCHHAY T，吴珊，2017. 柬埔寨主要农业产品的国际竞争力：挑战和战略 [J]. 全国流通经济（4）：20-22.

BUNKOANG ÄO，2017. 中国对柬埔寨的援助研究（1993—2015）[D]. 昆明：云南大学 .

CHHAY NSL，2018. 中国企业在柬埔寨投资风险管理研究 [D]. 昆明：昆明理工大学 .

DALIN ØK，2018. 中国和柬埔寨农业合作研究 [D]. 昆明：云南大学 .

LAYSREYSROH ÄL，2019. 柬埔寨大米产业研究 [D]. 延吉：延边大学 .

SAMNANG NN，2017. 柬埔寨对中国的出口贸易发展对策研究 [D]. 南宁：广西师范大学 .

SENPISETH HV，2017. 柬埔寨金融结构与经济增长关系研究 [D]. 南宁：广西大学 .

附录 1　橡胶树生产关键技术相关标准

NY/T 2944—2016

橡胶树种质资源描述规范

1　范围

本标准规定了橡胶树（*Hevea brasiliensis* Muell.-Arg.）种质资源基本信息、植物学特征、生物学特性、生长性状、产量性状及抗性性状的描述方法。

本标准适用于橡胶树植物种质资源的描述。

2　规范性引用文件

下列文件对于本文件的应用是必不可少的。凡是注日期的引用文件，仅注日期的版本适用于本文件。凡是不注日期的引用文件，其最新版本（包括所有的修改单）适用于本文件。

GB/T 2260　中华人民共和国行政区划代码

GB/T 2259　世界各国和地区名称代码

3　描述内容

描述内容见表 1 。

表 1　橡胶树种质资源描述内容

描述类型	描述内容
基本信息	全国统一编号、种质名称、种质外文名、科名、属名、学名、原产国、原产省、原产地、海拔、经度、纬度、来源地、系谱、选育单位、育成年份、选育方法、种质类型、图像、观测地点
植物学特征	叶痕形状、托叶痕形态、鳞片痕和托叶痕联成的形状、芽眼形态、芽眼与叶痕距离、叶蓬形状、叶蓬间距、叶蓬郁闭度、大叶柄形状、叶枕伸展形态、叶枕沟、叶枕膨大形态、小叶柄形态、小叶柄长度、小叶柄面形态、小叶枕膨大程度、小叶枕膨大程度、蜜腺形态、腺点着生状态、腺点排列方式、腺点边缘、腺点面形态、叶形、叶基形状、两侧小叶基外缘形态、叶尖形状、叶缘波浪、叶面平滑状况、叶面光泽、叶脉形态、叶片颜色、叶片横切面形状、三小叶间距、开花量、花的育性、花色、花期、结实率、种子大小、种子形状、种皮颜色、种被斑纹、分枝高度、主干明显程度、开制树皮厚度、树冠形状、树冠开放度、树皮质地、胶乳颜色、染色体倍数性
生物学特性	第一蓬叶抽叶期、第一蓬叶老化期、春花始期、春花盛期、果实成熟期、开始落叶期、落叶盛期
生长性状	开割树高、开割前生长速度、开割后五年生长速度、立木材积
产量性状	试割产量、干胶含量、干胶产量
抗性性状	苗期耐寒性、成龄期耐寒性、抗风性、耐旱性、死皮率、白粉病抗性、炭疽病抗性

4 描述方法

4.1 基本信息

4.1.1 全国统一编号

种质的唯一标识号，由“XJA”或“XJW”加5位顺序号组成，其中XJA表示国外引进的野生种质，XJW表示栽培种质。该编号由国家种质儋州橡胶树圃赋予。

4.1.2 种质名称

种质的中文名称。国内种质的原始名称，如果有多个名称，可放在括号内，用逗号分隔。国外引进种质用直译或意译中文名，也可直接使用种质的外文名。

4.1.3 种质外文名

国外种质以外文原名表示，国内种质以汉语拼音全拼表示。

4.1.4 科名

种质资源在植物分类学上的科名。用中文名加括号内的拉丁名组成，大戟科(Euphobiaceae)。

4.1.5 属名

种质资源在植物分类学上的属名。用中文名加括号内的拉丁名组成，橡胶树属(*Hevea*)。

4.1.6 种名或变种名

种质资源在植物分类学上的种名或变种名。用中义名加括号内的拉丁名组成。

4.1.7 原产国

种质原产国家的名称、地区名称或国际组织名称。国家和地区名称按照GB/T2659的规定执行，如该国家已不存在，应在原国家名称前加“原”。国际组织名称用该组织的正式英义缩写。

4.1.8 原产省

种质原产省份名称，省份名称按照GB/T2260的规定执行；国外引进种质原产省用原产国一级行政区的名称。

4.1.9 原产地

种质原产县、乡、村名称，县名按照GB/T 2260的规定执行。

4.1.10 经度

种质原产地的经度，单位为度(°)和分(′)。格式为“DDDFF”，其中“DDD”为度，“FF”为分。东经为正值，西经为负值。

4.1.11 纬度

种质原产地的纬度，单位为度(°)和分(′)。格式为“DDFF”，其中“DD”为度，“FF”为分。北纬为正值，南纬为负值。

4.1.12 海拔

种质原产地的海拔，单位为米（m）。

4.1.13 来源地

国外引进种质的来源地为国家、地区或国际组织名称；国内种质的来源地为省（自治区、直辖市）、县（市）名称。

4.1.14 亲本

选育品种（系）的亲本。

4.1.15 选育单位

选育品种（系）的单位全称或个人姓名。

4.1.16 育成年份

品种（系）通过审定、鉴定或授权的年份。

4.1.17 选育方法

品种（系）的育种方法。

4.1.18 种质类型

保存种质资源的类型，分为：1. 野生资源；2. 地方品种；3. 选育品种；4. 品系；5. 特殊遗传材料；6. 其他。

4.1.19 图像

橡胶树种质的图像文件名。文件名由该种质全国统一编号、连字符"-"和图像序号组成。图像格式为 .jpg。

4.1.20 观测地点

种质性状的观测地点，记录到省（自治区、直辖市）和县（区）名。

4.2 植物学特征

4.2.1 叶痕形状

标准叶蓬下刚脱落不久叶痕的形状（见图 1），分为：1. 半圆形；2. 马蹄形；3. 心脏形；4. 三角形；5. 菱角形；6. 近圆形。

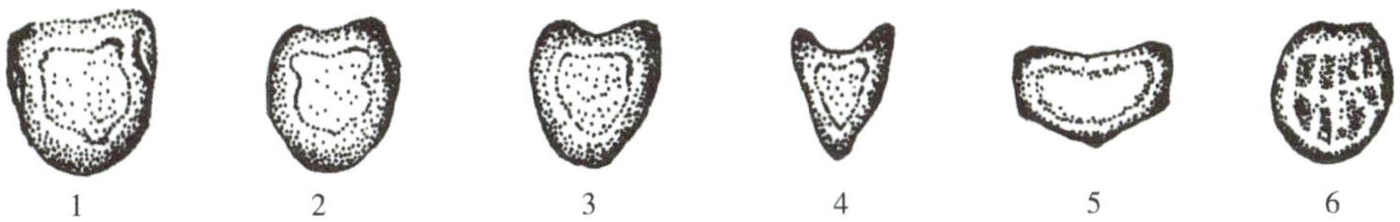

图 1 叶痕形状

4.2.2 托叶痕形态

半木栓化茎干上，托叶痕在叶痕上部平面所成的伸展方向，分为：1. 平伸；2. 上仰；3. 下垂。

4.2.3 鳞片痕和托叶痕联成的形状

半木栓化茎干上，鳞片痕和托叶痕所联成的形状（见图 2），分为：1. 一字形；2. 新月形；3. 袋形。

1 2 3

图 2 鳞片痕和托叶痕联成的形状

4.2.4 芽眼形态

半木栓化茎干上，芽眼与茎干的高差，分为：1. 平；2. 凸；3. 凹。

4.2.5 芽眼与叶痕距离

半木栓化茎干芽眼与叶痕的远近程度，分为：1. 远；2. 近。

4.2.6 叶蓬形状

标准叶蓬的形状（见图 3），分为：1. 半球形；2. 弧形；3. 截顶圆锥形；4. 圆锥形。

1 2 3 4

图 3 叶蓬形状

4.2.7 叶蓬间距

叶蓬之间分离的情况，分为：1. 明显分离；2. 分离；3. 不分离。

4.2.8 叶蓬郁闭度

从侧面观察叶蓬，叶蓬的郁闭情况，分为：1. 开放；2. 郁闭。

4.2.9 大叶柄形状

标准叶蓬中下部大叶柄的形状（见图 4），分为：1. 直；2. 弓形；3. 反弓形；4. S 形。

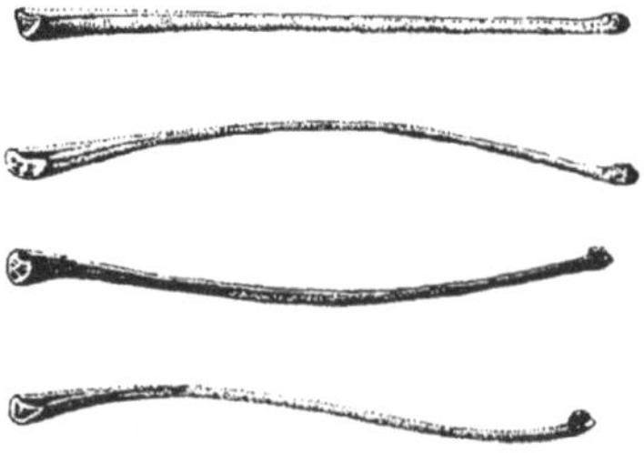

1 2 3 4

图 4 大叶柄形状

4.2.10 叶枕伸展形态

标准叶蓬中下部大叶柄基部（叶枕）的伸展形态（见图 5），分为：1. 平伸；2. 上仰；3. 下垂。

4.2.11　叶枕面形态

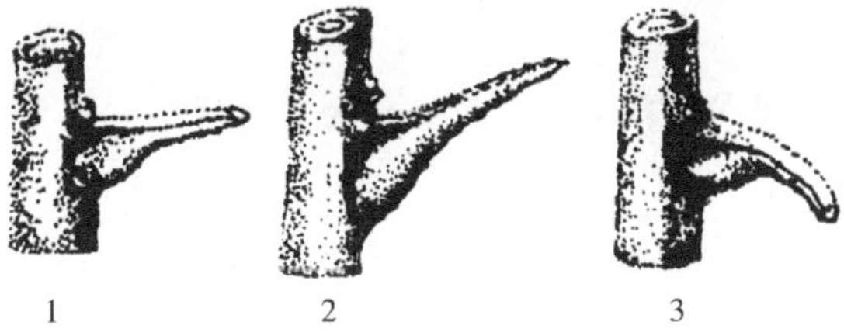

图5　叶枕伸展形态

标准叶蓬中下部叶枕上部是否有沟和窝，分为：1. 平；2. 有沟；3. 有窝。

4.2.12　叶枕膨大程度

标准叶蓬中下部叶枕膨大的明显程度（见图6），分为：1. 顺大；2. 突大。

图6　叶枕膨大程度

4.2.13　小叶柄形态

标准叶蓬中下部叶片上小叶柄的伸展形态（见图7），分为：1. 平伸；2. 上仰；3. 内弯。

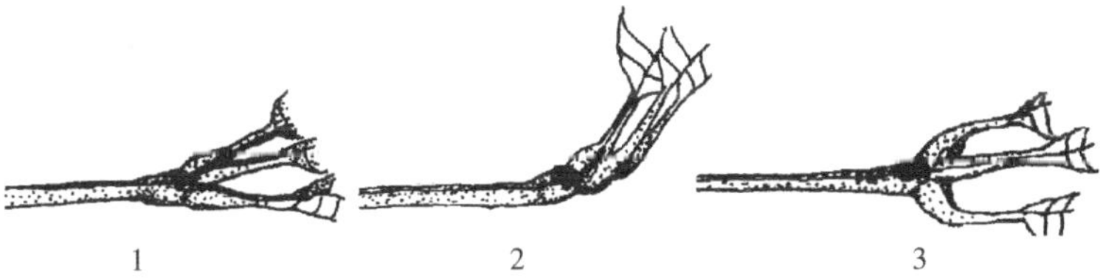

图7　小叶柄形态

4.2.14　小叶柄长度

标准叶蓬中下部叶片，复叶中间小叶的小叶柄长短，分为：1. 短；2. 中等；3. 长。

4.2.15 小叶柄沟

标准叶蓬中下部叶片，复叶中间小叶的叶枕是否有沟，分为：1. 无沟；2. 有沟。

4.2.16　小叶枕膨大形态

标准叶蓬中下部叶片，复叶中间小叶的叶枕膨大明显程度，分为：1. 不明显；2. 明显。

4.2.17　小叶枕膨大程度

标准叶蓬中下部叶片，复叶中间小叶的叶枕占比大小，分为：1. 短；2. 中等；3. 长。

NY/T 2944—2016

4.2.18 密腺形态

蜜腺突起于大叶柄先端的程度，分为；1. 平；2. 微突起；3. 突起；4. 明显突起。

4.2.19 腺点着生状态

腺点在大叶柄先端分布的离散状态，分为：1. 连生；2. 分离。

4.2.20 腺点排列方式

腺点在大叶柄先端的排列情况（见图 8），分为：l. 点状；2. 前后；3 品字形；4. 方形；5. 11 字形；6. 不规则。

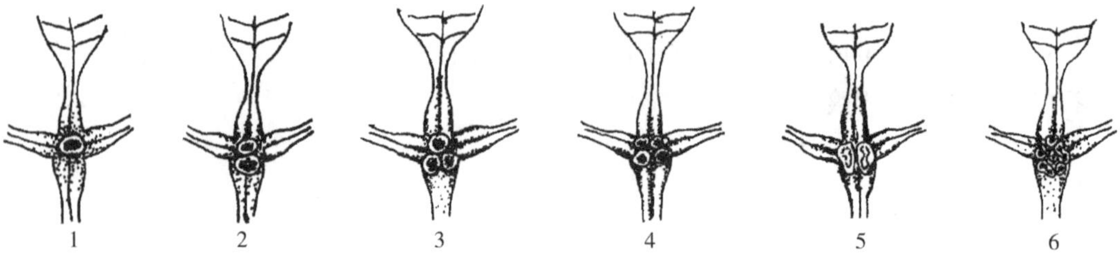

图 8 腺点排列方式

4.2.21 腺点边缘

腺点边缘明显程度，分为：1. 无；2. 不明显；3. 明显。

4.2.22 腺点面形态

腺点顶部与腺点边缘所成的平面状态，分为：1. 平；2. 突起；3. 下陷。

4.2.23 叶形

标准叶蓬复叶中间小叶的形状（见图 9），分为：1. 倒卵形；2. 卵形；3. 椭圆形；菱形。

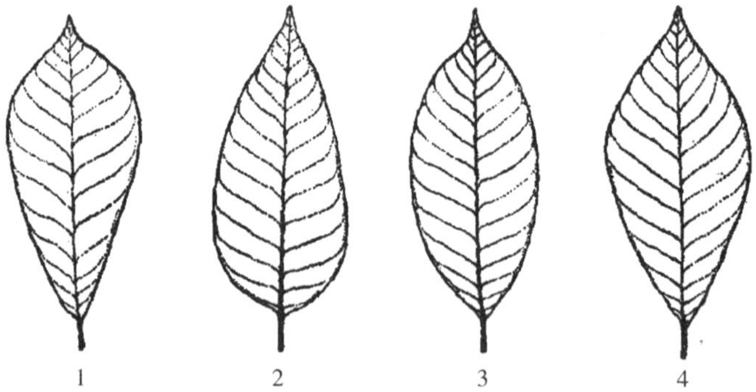

图 9 叶形

4. 2.24 叶基形状

标准叶蓬复叶中间小叶的叶片基部形状（见图 10），分为：1. 渐尖；2. 楔形；3. 钝尖。

4. 2.25 两侧小叶基外缘形态

标准叶蓬复叶两侧小叶的叶片基部形态（见图 11），分为：1. 完整；2. 内斜；3. 外斜。

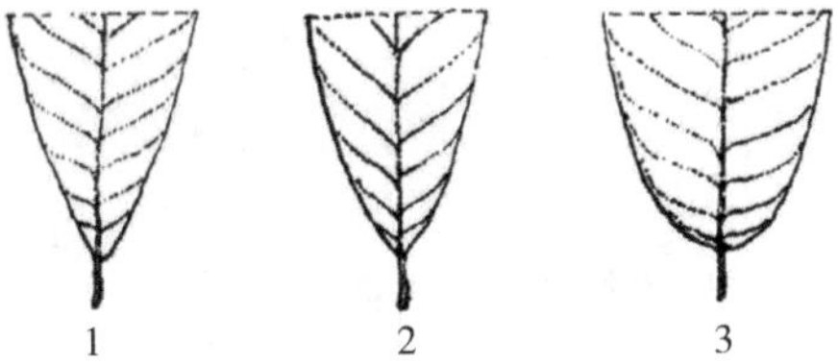

图 10　叶基形状

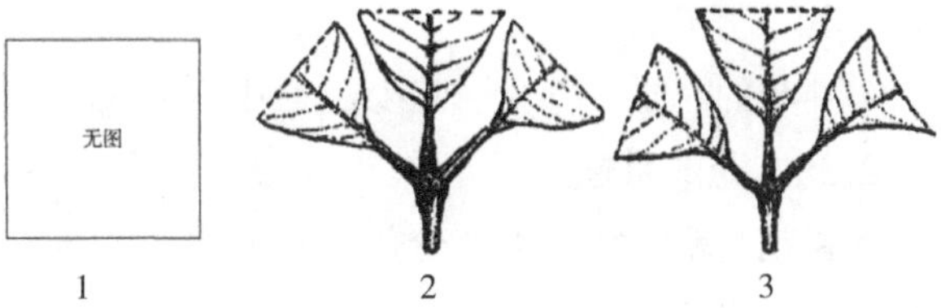

图 11　两侧小叶基外缘形态

4.2.26　叶尖形状

标准叶蓬复叶中间小叶顶部形状（见图 12），分为：1. 芒尖；2. 钝尖；3. 急尖。

图 12　叶尖形状

4.2.27　叶缘波浪

标准叶蓬复叶中间小叶叶缘波浪情况，分为：1. 无波；2. 小波；3. 大波。

4.2.28　叶面平滑状况

标准叶蓬复叶中间小叶叶面平滑程度，分为：1. 不平滑；2. 平滑。

4.2.29　叶面光泽

标准叶蓬复叶中间小叶光泽程度，分为：1. 不明显；2. 明显。

4.2.30　叶脉明显程度

标准叶蓬复叶中间小叶叶脉的明显程度，分为：1. 不明显；2. 明显。

4.2.31　叶片颜色

标准叶蓬复叶中间小叶的颜色，分为：1. 绿色；2. 深绿；3. 黄绿。

4.2.32　叶片横切面形状

标准叶蓬复叶中间小叶横切面的形状，分为：1. 平；2. 舟形；3. U 形；4. V 形。

4.2.33　三小叶间距

标准叶蓬复叶三小叶间靠近的状态（见图 13），分为：1. 重叠；2. 靠近；3. 分离。

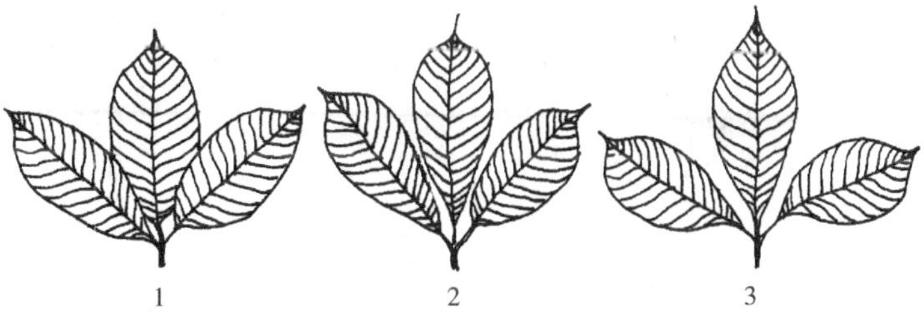

图 13　三小叶间距

NY/T 2944—2016

4.2.34 开花量

春花的花蜜，分为：1. 少；2. 中等；3. 多。

4.2.35 花的育性

春花受精结实能力，分为：1. 正常；2. 雄性不育；3. 雌性不育。

4.2.36 花色

春花成熟后的颜色，分为：1. 浅黄；2. 黄色；3. 其他。

4.2.37 花期

春花期持续的时间，分为：1. 2 周；2. 4 周；3. 6 周；4. 8 周。

4.2.38 结实率

坐果雌花数占总雌花数的百分率，分为：1. 低；2. 中等；3. 高。

4.2.39 种子大小

种子纵向大小，分为：1. 小；2. 中等；3. 大。

4.2.40 种皮颜色

成熟种子种皮的颜色，分为：1. 灰色；2. 棕色。

4.2.41 种子形状

种子竖立呈现的形状，分为：1. 近圆形；2. 椭圆形；3. 卵圆形；4. 方形。

4.2.42 种背斑纹

种子背部块纹明显程度，分为：1. 不明显；2. 明显。

4.2.43 分枝高度

5 龄 ~6 龄树体永久分枝离地的高度，分为：1. 低；2. 中等；3. 高。

4.2.44 主干明显程度

5 龄 ~6 龄树体主干优势程度，分为：1. 不明显；2. 明显。

4.2.45 开割树皮厚度

开割时树皮韧皮部厚度，分为：1. 薄；2. 中等；3. 厚。

4.2.46 树冠形状

开割时树冠的形状（见图 14），分为：1. 圆锥形；2. 椭圆形；3. 圆形；4. 扫帚形。

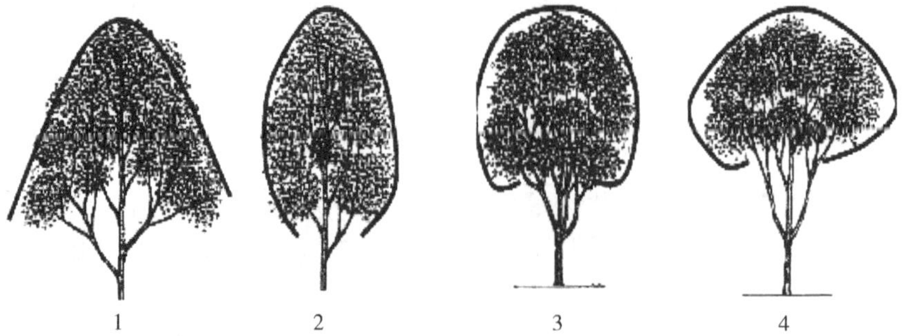

图 14 树冠形状

4.2.47 树冠开放度

开割时树冠透光程度，分为：1. 开放；2. 密闭。

4.2.48 树皮质地

开割时树皮的光滑程度，分为：1. 光滑；2. 粗糙；3. 薄片状。

4.2.49 胶乳颜色

茎干树皮流出新鲜胶乳呈现出的颜色，分为：1. 白；2. 浅黄；3. 黄。

4.2.50 染色体数目

体细胞染色体组的数目，分为 1.18；2.36；3.54；4.72；5. 其他。

4.3 生物学特性

4.3.1 第一蓬叶抽叶期

全树约有 80% 第一蓬叶萌动的日期，以“年月日”表示，格式“YYYYMMDD”。

4.3.2 第一蓬叶老化期

全树约有 80% 第一蓬叶老化的日期，以“年月日”表示，格式“YYYYMMDD”。

4.3.3 奋花始期

全树约有 5% 花朵开放的日期，以“年月日”表示，格式”YYYYMMDD”。

4.3.4 春花盛期

全树约有 50% 花朵开放的日期，以“年月日”表示，格式“YYYYMMDD”。

4.3.5 果实成熟期

全树约有 50% 的果实成熟，迸出种子的时间，以“年月日”表示，格式“YYYYMMDD”。

4.3.6 开始落叶期

50% 植株叶片黄化的日期，以“年月日”表示，格式“YYYYMMDD”。

4.3.7 落叶盛期

50% 植株叶片落叶的日期，以“年月日”表示，格式“YYYYMMDD”。

4.4 生长性状

4.4.1 开割树高

植株开割后树冠顶部至砧穗接合线的距离，单位为米（m）。

4.4.2 开割前生长速度

开割前砧穗结合点上方 150 cm 处树围年平均增粗速度，单位为厘米每年（cm/ 年）。

4.4. 3 开割后五年生长速度

开割后 5 年砧穗结合点上方 150 cm 处树围年平均增粗速度，单位为厘米每年 (cm/ 年)。

4.4.4 立木材积

树干和径围多 30cm 的分枝的材积量，单位为立方米（m^3）。

NY/T 2944—2016

4.5 产量性状

4.5.1 试割产量

3 龄胶树试割干胶产拭，单位为克每株每次［g/(株·次)］。

4.5.2 干胶含量

干胶与鲜胶乳重拭的比率，以百分率（%）表示。

4.5.3 干胶产量

单株一年干胶的重量，单位为千克（kg)。

4.6 抗性性状

4.6.1 苗期耐寒性

在苗圃保存条件下，植株对寒冷的忍耐或抵抗能力，以幼苗寒害级别、相应级别芽条数的积与总调查株数的比值表示。

4.6.2 成龄期耐寒性

在大田种植情况下，植株对平流型寒害或辐射型寒害的忍耐或抵抗能力，以植株寒害级别、相应级别植株数的积与总调查株数的比值表示。数值后需用括号注明寒害类型。

4.6.3 抗风性

在大田种植情况下，植株对台风或大风的抵抗能力，以 4~6 级风害株数和倒伏株数之和占第一次调查总株数的比率表示。数值后需用括号记录每次台风名称和级别。

4.6.4 耐旱性

在苗圃或大田种植情况下，植株对旱灾的忍耐或抵抗能力。记录每次旱情和植株表现。

4.6.5 死皮率

以开割后割线死皮长度占总割线长度的比率表示。

4.6.6 白粉病 (*Oidium heveae* Steinm) 抗性

大田种植情况下植株对白粉病抗性的强弱，分为：1. 抗病 (1 级)；2. 中抗 (3 级)；3. 中感 (5 级)；4. 高感 (7 级)。

4.6.7 炭疽病 (*Colletotrichum gloeos porioides* f. *heveae* Penz.) 抗性

大田种植情况下植株对炭疽病抗性的强弱，以病情指数表示。

NY/T 607—2018

橡胶树育种技术规程

1 范围

本标准规定了橡胶树（*Hevea brasiliensis* Muell.-Arg.）育种的选育种程序、品种系比试验和品种性状鉴定。

本标准适用于我国橡胶树品种的选育。

2 规范性引用文件

下列文件对于本文件的应用是必不可少的。凡是注日期的引用文件，仅所注日期的版本适用于本文件。凡是不注日期的引用文件，其最新版本（包括所有的修改单）适用于本文件。

GB/T 4814 原木材积表

GB/T 8081 天然生胶 技术分级橡胶（TSR）规格导则

GB/T 8289 浓缩天然胶乳 氨保存离心或膏化胶乳 规格

NY/T 221 橡胶树栽培技术规程

NY/T 1089 橡胶树白粉病测报技术规程

NY/T 2250 橡胶树棒孢霉落叶病监测技术规程

NY/T 2668.1 热带作物品种试验技术规程 第1部分：橡胶树

NY/T 2749 植物新品种特异性、一致性和稳定性测试指南 橡胶树

NY/T 2814 热带作物种质资源抗病虫鉴定技术规程 橡胶树白粉病

3 选育种程序

橡胶树选育种程序如图1所示。

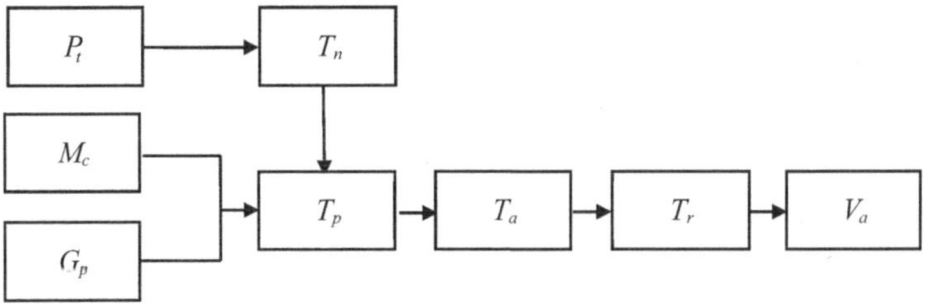

说明：

① P_t——有性系；

② M_c——创新材料；

③ G_p——优良新种质引种材料；

④ T_n——小规模有性系比；

⑤ T_p——小规模无性系比；

⑥ T_a——品种比较试验；

⑦ T_r——品种区域试验；

⑧ V_a——品种。

图1 橡胶树选育种程序图

NY/T 607—2018

4 品种系比试验

4.1 小规模品种比较试验

4.1.1 有性系比

4.1.1.1 参试材料

人工杂交及自然授粉实生苗等。

4.1.1.2 试验设计

根据试验区域和栽培立地环境整体情况，采用完全随机或随机区组设计；株距为150~200 cm，行距为250~300 cm；对照选择当地主栽品种；种植材料选用与实生苗种植同时插种的2~4蓬叶袋装苗。

4.1.2 无性系比

4.1.2.1 参试材料

——从有性系比中根据产量、抗性和副性状选出的优树或优良植株；

——各种创新材料；

——优良新种质引种材料。

4.1.2.2 试验设计

采用随机区组设计，重复≥3次，每小区≥5株；株距为150~200 cm，行距为250~300 cm；对照选择当地主栽品种。

4.2 品种比较试验

按NY/T 2668.1的规定执行。

4.3 品种区域试验

按NY/T 2668.1的规定执行。

4.4 其他类型试验

抗寒前哨试验按NY/T 2668.1的规定执行，品种抗病试验按NY/T 2814、NY/T 2250等的规定执行。

5 品种性状鉴定

5.1 小规模品种比较试验

5.1.1 有性系比

在有性系定植3周年后，采用试割的方法进行割胶，割制为S/2 d2，试割2年，在每年下半年割2~3个月，月割15刀，测定后10刀产量，割面高度为50 cm。生长鉴定按附录A.3的规定执行，材积鉴定按附录A.4的规定执行，抗性鉴定按附录A.5的规定执行。

5.1.2 无性系比

在无性系定植3周年后，采用试割的方法进行割胶，割制为S/2 d2，试割2年，月割15刀，测产2~3个月，单株测产或分小区测产，割面高度为50cm。生长鉴定按附录

A.3 的规定执行，材积鉴定按附录 A.4 的规定执行，抗性鉴定按附录 A.5 的规定执行。

5.2 品种比较试验

性状鉴定按附录 A 的规定执行。

5.3 品种区域试验

性状鉴定按附录 A 的规定执行。

附 录 A
（规范性附录）
性状鉴定方法

A.1 产胶量测定

A.1.1 测产方法

A.1.1.1 品种比较试验区测定记录树产量，头 3 割年每月测量胶乳产量 3 次（上旬、中旬和下旬各测 1 次），并同时测干胶含量，记录每月割胶刀数和测产株数。第 4 割年使用刺激剂后，采用间隔施药周期测产，在测产周期内测量每刀胶乳产量和干胶含量。计算年株产干胶和单位面积干胶产量。

A.1.1.2 品种区域试验区不扣除边行树，记录每刀胶乳产量，每刀测干胶含量，计算单位面积干胶产量。

A.1.1.3 干胶含量采用标准法或采用由权威计量机构认可的测定仪测定。

A.1.2 计算方法

A.1.2.1 品种比较试验产量

A.1.2.1.1 月小区总产胶乳

月小区总产胶乳按公式（A.1）计算。

$$Y_l = Y_t \times N_c \quad \text{(A.1)}$$

式中：

Y_l——月小区总产胶乳，单位为 kg；

Y_t——月小区平均每割次胶乳产量，单位为 kg；

N_c——月割胶刀数。

A.1.2.1.2 月小区平均每割次干胶产量

月小区平均每割次干胶产量按公式（A.2）计算。

$$Y_{d1} = Y_{l1} \times C_m \quad \text{(A.2)}$$

式中：

Y_{d1}——月小区平均每割次干胶产量，单位为 kg；

Y_{l1}——月小区平均每割次胶乳产量，单位为 kg；

C_m——月平均干胶含量 [质量分数（%）]。

A.1.2.1.3 月小区总产干胶

月小区总产干胶按公式（A.3）计算。

$$Y_d=Y_{d1}\times N_c \quad \cdots\cdots (A.3)$$

式中：

Y_d——月小区总产干胶，单位为 kg；

Y_{d1}——月小区平均每割次干胶产量，单位为 kg；

N_c——月割胶刀数。

A.1.2.1.4 月平均株产干胶

月平均株产干胶按公式（A.4）计算。

$$Y_{de}=\frac{Y_d}{N_t} \quad \cdots\cdots (A.4)$$

式中：

Y_{de}——月平均株产干胶，单位为 kg/ 株；

Y_d——月小区总产干胶量，单位为 kg;

N_t——小区测产株数，单位为株。

A.1.2.1.5 平均年株产干胶

平均年株产干胶按公式（A.5）计算。

$$Y_{das}=\sum_{n=1}^{10}\times y_{den} \quad \cdots\cdots (A.5)$$

式中：

Y_{das}——平均年株产干胶，单位为 kg;

y_{den}——各月平均株产干胶之和，单位为 kg;

A.1.2.1.6 平均年公顷产干胶

平均年公顷产干胶按公式（A.6）计算。

$$Y_{ha}=\frac{\sum_{n=1}^{10}Y_{dn}}{S_t} \quad \cdots\cdots (A.6)$$

式中：

Y_{ha}——平均年公顷产干胶，单位为 kg/hm²;

Y_{dn}——各月小区干胶总产量之和，单位为 kg;

S_t——小区测产范围的实际面积，单位为 hm²。

A.1.2.1.7 年平均干胶含量

年平均干胶含量按公式（A.7）计算。

$$C_a=\frac{Y_{da}}{Y_{ca}}\times 100 \quad \cdots\cdots (A.7)$$

式中：

C_a——年平均干胶含量 [质量分数（%）];

Y_{da}——年小区干胶总产，单位为 kg;

Y_{ca}——年小区总产胶乳，单位为 kg。

NY/T 607—2018

A.1.2.2 品种区域试验产量

A.1.2.2.1 月干胶总产

月干胶总产按公式（A.8）计算。

$$Y_{dr}=\sum_{n=1}^{10} Y_{ln}\times C_m \quad \cdots\cdots (A.8)$$

式中：

Y_{dr}——月干胶总产量，单位为kg；

Y_{ln}——月每割次胶乳之和，单位为kg；

C_m——月平均干胶含量[质量分数（%）]。

A.1.2.2.2 年平均公顷产干胶

年平均公顷产干胶按公式（A.9）计算。

$$Y_{dar}=\frac{\sum_{n=1}^{10} Y_{dn}}{S_{tr}} \quad \cdots\cdots (A.9)$$

式中：

Y_{dar}——年平均公顷产干胶，单位为kg/ hm^2；

Y_{dn}——各月干胶总产之和，单位为kg；

S_{tr}——实际测产面积，单位为 hm^2。

A.2 胶乳及干胶质量鉴定

胶乳、干胶质量的鉴定分别按GB/T 8289及GB/T 8081的规定执行。

A.3 生长鉴定

A.3.1 生长量

苗龄在1年以上的系比区，每年12月下旬全面测量茎围1次，测量部位为离地面100 cm处。割胶后测量部位为离地面150 cm处。

A.3.2 树皮厚度

正式开割时，在离地面150 cm处测量原生皮厚度1次，以后固定样株在第一割面测量1割龄、3割龄和5割龄的再生皮厚度。

A.3.3 生长习性

割胶1年后，进行1次生长习性调查，包括分枝习性、树冠大小、疏密度和树干形态。

A.4 原木材积量鉴定

按GB/T 4814的规定执行。

A.5 抗性鉴定

A.5.1 抗风性

按NY/T 221的规定执行。

A.5.2 抗寒性

按NY/T 221的规定执行。

NY/T 607—2018

A.5.3 抗病性

A.5.3.1 白粉病

按 NY/T 1089 的规定执行。

A.5.3.2 炭疽病

每小区固定 5 株有代表性的观察植株，每株采 2 蓬叶，每蓬叶取中间小叶 5 片，进行感病情况调查。分别按公式（10）和公式（11）计算发病率和病情指数：

$$P_d = \frac{N_i}{N_0} \times 100 \quad \cdots\cdots (A.10)$$

式中：

P_d——发病率，单位为 %；

N_i——感病叶片数之和，单位为片；

N_0——调查叶片总数，单位为片。

$$I_d = \frac{N_I}{N_h} \times 100 \quad \cdots\cdots (A.11)$$

式中：

I_d——病情指数；

N_I——各病级叶片数与该病级值乘积的总和；

N_h——调查叶片总数与最高病级值的乘积。

A.5.3.3 棒孢霉落叶病

按 NY/T 2250 的规定执行。

A.6 副性状及生物学特性鉴定

A.6.1 副性状

每年对无性系的自然木瘤、死皮、爆皮流胶、胶乳早凝、排胶速度、耐荫性等进行观察、记录，作为综合评定优良品种的重要依据之一。

A.6.2 生物学习性

观察记录抽芽期、第 1 蓬叶老化期、开花期、花量、果熟期、结果量、落叶期和越冬期等性状，其性状观测时期和方法按 NY/T 2749 的规定进行。

NY/T 688—2018

橡胶树品种类型

1 范围

本标准规定了橡胶树（*Hevea brasiliensis* Muell.-Arg.）的品种类型及指标测定。

本标准适用于橡胶树品种类型的划分。

2 规范性引用文件

下列文件对于本文件的应用是必不可少的。凡是注日期的引用文件，仅注日期的版本适用于本文件。凡是不注日期的引用文件，其最新版本（包括所有的修改单）适用于本文件。

GB/T 8299 浓缩天然胶乳 干胶含量的测定

NY/T 607 橡胶树育种技术规程

NY/T 1089 橡胶树白粉病测报技术规程

NY/T 2668.1 热带作物品种试验技术规程 第1部分：橡胶树

3 品种类型

3.1 高产品种

干胶产量与对照品种相比，增产≥10%。对照品种的选择按照 NY/T 2668.1 的规定执行。

3.2 速生品种

平均茎围年增粗比对照品种高≥10%。对照品种的选择按照 NY/T 2668.1 的规定执行。

3.3 抗寒品种

寒害平均级与对照品种相比，降低≥10%。对照品种的选择按照 NY/T 2668.1 的规定执行。

3.4 抗风品种

风害累计断倒率与对照品种相比，降低≥10%。对照品种的选择按照 NY/T 2668.1 的规定执行。

3.5 抗白粉病品种

白粉病病情指数与对照品种相比，降低≥10%。对照品种的选择按照 NY/T 2668.1 的规定执行。

NY/T 688—2018

3.6 抗炭疽病品种

炭疽病病情指数与对照品种相比，降低≥10%。对照品种的选择按照 NY/T 2668.1 的规定执行。

NY/T 688—2018

3.7 高干胶含量品种

5 割年平均干胶含量（质量分数）≥34.5%。

4 指标测定

4.1 干胶产量

胶乳产量的测定和干胶产量的计算按照 NY/T 607 的规定执行。

4.2 平均茎围年增粗

茎围的测定和平均茎围年增粗的计算按照 NY/T 607 的规定执行。

4.3 寒害平均级

寒害调查和寒害平均级的计算按照 NY/T 607 的规定执行。

4.4 风害累计断倒率

风害调查和寒害平均级的计算按照 NY/T 607 的规定执行。

4.5 白粉病病情指数

白粉病调查和白粉病病情指数的计算按照 NY/T 1089 的规定执行。

4.6 炭疽病病情指数

炭疽病调查和炭疽病病情指数的计算按照 NY/T 607 的规定执行。

4.7 干胶含量

干胶含量的测定按照 GB/T 8299 的规定执行。

NY/T 2749—2015

植物新品种特异性、一致性和稳定性测试指南 橡胶树

1 范围

本标准规定了橡胶树（*Hevea brasilensis* Muell.-Arg.）新品种特异性、一致性和稳定性测试的技术要求和结果判定的一般原则。

本标准适用于橡胶树新品种特异性、一致性和稳定性的测试和结果判定。

2 规范性引用文件

下列文件对于本文件的应用是必不可少的。凡是注日期的引用文件，仅注日期的版本适用于本指南。凡是不注日期的引用文件，其最新版本（包括所有的修改单）适用于本文件。

GB/T 17822.2 橡胶树苗木

GB/T 19557.1 植物新品种特异性、一致性和稳定性测试指南 总则

NY/T 221 橡胶树栽培技术规程

NY/T 1314 农作物种质资源鉴定技术规程 橡胶树

3 术语和定义

GB/T 19557.1 确定的以及下列术语和定义适用于本文件。

3.1 群体测量 single measurement of a group of plants or parts of plants

对一批植株或植株的某器官或部位进行测量，获得一个群体记录。

3.2 个体测量 measurement of a number of individual plants or parts of plants

对一批植株或植株的某器官或部位进行逐个测量，获得一组个体记录。

3.3 群体目测 visual assessment by a single observation of a group of plants or parts of plants

对一批植株或植株的某器官或部位进行目测，获得一个群体记录。

3.4 个体目测 visual assessment by observation of individual plants or parts of plants

对一批植株或植株的某器官或部位进行逐个目测，获得一组个体记录。

4 符号

下列符号适用于本文件：

MG：群体测量。

MS：个体测量。

VG：群体目测。

VS：个体目测。

QL：质量性状。

QN：数量性状。

PQ：假质量性状。

*：标注性状为 UPOV 用于统一品种描述所需要的重要性状，除非受环境条件限制性状的表达状态无法测试，所有 UPOV 成员都应使用这些性状。

(a)~(c)：标注内容在 B.2 中进行了详细解释。

(+)：标注内容在 B.3 中进行了详细解释。

5 繁殖材料的要求

5.1 繁殖材料以芽接苗的形式提供。

5.2 提交的芽接苗数量不少于 15 株，且标明砧木种类。

5.3 所提交芽接苗芽片及外观应完整，植株健壮，愈合良好，未受到病虫害的影响。质量标准应符合 GB/T 17822.2 的要求。

5.4 提交的繁殖材料一般不进行任何影响品种性状正常表达的处理。

5.5 提交的繁殖材料应符合中国植物检疫的有关规定。

6 测试方法

6.1 测试周期

测试的周期至少为一个独立的生长周期。

6.2 测试地点

测试通常在一个地点进行。测试地点选择按 NY/T 221 执行。如果某些性状在该地点不能充分表达，可在其他符合条件的地点对其进行观测。

6.3 田间试验

6.3.1 试验设计

申请品种和近似品种相邻种植。每个小区 7 株，株距 2~3m，行距 5~6m，共设 2 个重复。

6.3.2 田间管理

按 NY/T 221 执行。

6.4 性状观测

6.4.1 观测时期

性状观测应按照表 A.1 和表 A.2 列出的生育阶段进行。生育阶段描述见表 B.1。

6.4.2 观测方法

性状观测应按照表 A.1 和表 A.2 规定的观测方法（VG、VS、MG、MS）进行。部分性状观测方法见 B.2 和 B.3。

6.4.3 观测数量

除非另有说明，个体观测性状（VS、MS）植株取样数量不少于 5 株，在观测植株的器官或部位时，每个植株取样数量应为 3 个。群体观测性状（VG、MG）应观测整个小区或规定大小的混合样本。

6.5 附加测试

必要时，可选用表 A.2 中的性状或本标准未列出的性状进行附加测试。

7 特异性、一致性和稳定性结果的判定

7.1 总体原则

特异性、一致性和稳定性的判定按照 GB/T 19557.1 确定的原则进行。

7.2 特异性的判定

中请品种应明显区别于所有已知品种。在测试中，当申请品种至少在一个性状上与近似品种具有明显且可重现的差异时，即可判定申请品种具备特异性。

7.3 一致性的判定

采用 1% 的群体标准和至少 95% 的接受概率。当样本大小为 7 株时，允许出现 1 个异型株。

7.4 稳定性的判定

如果一个品种具备一致性，则可认为该品种具备稳定性。一般不对稳定性进行测试。

必要时，可以种植该品种的下一批无性繁殖材料，与以前提供的繁殖材料相比，若性状表达无明显变化，则可判定该品种具备稳定性。

8 性状表

8.1 概述

根据测试需要，将性状分为基本性状、选测性状，基本性状是测试中必须使用的性状。橡胶树基本性状见表 A.1，选测性状见表 A.2。

性状表列出了性状名称、表达类型、表达状态及相应的代码和标准品种、观测时期和方法等内容。

8.2 表达类型

根据性状表达方式，将性状分为质量性状、假质量性状和数量性状 3 种类型。

8.3 表达类型的相应代码

8.3.1 每个性状划分为一系列表达状态，每个表达状态赋予一个相应的数字代码。

8.3.2 对于质量性状和假质量性状，所有的表达状态应在测试指南中列出；对于数量性状，为了缩小性状表的长度，偶数代码的表达状态可以不列出，偶数代码的表达状态可描述为前一个表达状态到后一个表达状态的形式。

8.4 标准品种

性状表中列出了部分性状有关表达状态可参考的标准品种，以助于确定相关性状的不同表达状态和校正环境因素引起的差异。

9 分组性状

本文件中，品种分组性状如下：

a) * 叶片：叶面光泽度（表 A.1 中性状 3）；

b) 叶枕：沟（表 A.1 中性状 19）；

c) * 胶乳：颜色（表 A.1 中性状 21）；

d) * 树干：曲直度（表 A.1 中性状 22）；

e) * 树干：茎围（表 A.1 中性状 23）；

f) * 冬季落叶始期（表 A.1 中性状 31）。

10 技术问卷

申请人应按附录 C 格式填写橡胶树技术问卷。

附 录 A
（规范性附录）
橡胶树性状表

A.1 橡胶树基本性状

见表 A.1。

表 A.1 橡胶树基本性状表

序号	性状	观测时期和方法	表达状态	标准品种	代码
1	*叶蓬：形状 PQ （a） （+）	141 VG	弧形	RRIM712	1
			半球形	GT1	2
			截顶圆锥形	IAN873	3
			圆锥形	RRIM600	4
2	*叶片：叶面绿色程度 QN （a）	141 VG	浅	RRIM600	1
			中	PR107	2
			深	GT1	3
3	*叶片：叶面光泽度 QN （a） （+）	141 VG	弱	PR107	1
			中	RRIM600	2
			强	IAN873	3

表 A.1（续）

序号	性状	观测时期和方法	表达状态	标准品种	代码
4	*叶片：质地 QN （a）	141 VG	细	IAN873	1
			中	RRIM600	2
			粗	PR107	3
5	*叶片：叶缘波浪程度 QN （a） （+）	141 VG	小	PR107	1
			中	热研7-33-97	2
			大	RRIM612	3
6	*叶片：中间小叶与侧小叶相似度 QN （a）	141 VG	低	RRIM600	1
			中	PB260	2
			高	GT1	3
7	叶片：主侧脉角度 QN （a） （+）	141 VG	小	Tjir1	1
			中	RRIM600	2
			大	RRIC52	3
8	叶片：形状 PQ (a) (+)	141 VG	倒卵形	93-114	1
			卵形		2
			椭圆形	GT1	3
			菱形	RRIM600	4
9	*叶片：顶部形状 QN (a) (+)	141 VG	芒尖	RRIC28	1
			急尖	PB86	2
			渐尖	RRIC100	3
10	*叶片：基部形状 QN (a) (+)	141 VG	楔形	海垦6	1
			渐尖形	PR107	2
			钝形	RRIM612	3
11	叶片：侧小叶基部形态 PQ (a) (+)	141 VG	内斜	PB260	1
			对称	IAN873	2
			外斜	93-114	3
12	叶片：三小叶姿态 QN (a) (+)	141 VG	重叠	RRIC100	1
			靠近	PB5/51	2
			分离	RRIM600	3
			显著分离	PR107	4
13	*叶片：小叶片最宽处位置 QN (a)	141 VG	基部		1
			中间	PB217	2
			顶部	RRIM600	3
14	*叶片：纵截面形状 PQ (a)	141 VG	直		1
			弓形	GT1	2
			S形	PB260	3

表 A.1（续）

序号	性状	观测时期和方法	表达状态	标准品种	代码
15	叶痕：形状 PQ (a) (+)	181 VG	半圆形	RRIM600	1
			近圆形	PB235	2
			马蹄形	PB86	3
			心脏形	大丰318	4
			三角形	海垦1	5
			菱形	热研88-13	6
16	叶痕：与芽眼距离 QN (a) (+)	141 VG	近	RRIM600	1
			中	海垦6	2
			远	PB5/51	3
17	大叶柄：形状 PQ (a) (+)	141 VG	直	RRIM612	1
			弓形	红星1	2
			反弓形	93-114	3
			S形		4
18	*大叶柄：姿态 QN (a) (+)	141 VG	上仰	GT1	1
			平伸	PB260	2
			下垂		3
19	叶枕：沟 QL (a) (+)	141 VG	无	RRIM600	1
			有	PR107	9
20	蜜腺：表面形态 QN (a) (+)	141 VG	下陷	PR107	1
			平	GT1	2
			突起	RRIM600	3
21	*胶乳：颜色 PQ (c) (+)	141 VG	白	RRIM600	1
			浅黄	Tjir1	2
			黄	PB5/51	3
			深黄	PB5/63	4
22	*树干：曲直度 QN (c) (+)	291 VG	直	GT1	1
			微弯		2
			弯	RRII105	3
23	*树干：茎围 QN (+)	281 VG	小	PR107	1
			中	RRIM600	2
			大	IAN873	3
24	*树冠：形状 PQ (+)	261 VG	三角形	PR107	1
			卵圆形		2
			圆形	PB314	3
			扁圆形	RRIM600	4
25	*树冠：枝叶密度 QN	261 VG	稀疏	PR261	1
			中等	PB260	2
			密集	PB217	3

表 A.1（续）

序号	性状	观测时期和方法	表达状态	标准品种	代码
26	*种子：形状 PQ (b) (+)	261 VG	椭圆形	PB235	1
			圆形	RRIM600	2
			长圆形	RRII105	3
			倒卵形		4
27	*种子：长度 QN (b) (+)	261 MS	短	GT1	3
			中	RRIM600	5
			长	IAN873	7
28	*种子：宽度 QN (b) (+)	261 MS	窄	GT1	1
			中	RRIM600	2
			宽	RRIM712	3
29	*种子：厚度 QN (b) (+)	261 MS	薄	PB260	1
			中	PB235	2
			厚	RRIC712	3
30	*冬季落叶习性 QN	291 VG	不落叶		1
			部分落叶	PR107	2
			完全落叶	RRIM600	3
31	*冬季落叶始期 QN	281 MG	早	PB260	1
			中	PB235	2
			晚	GT1	3

A.2　橡胶树选测性状

见表 A.2。

表 A.2　橡胶树选测性状表

序号	性状	观测时期和方法	表达状态	标准品种	代码
32	胶水：干胶含量 QN (+)	141 MG	极低		1
			低	RRIM600	2
			中	GT1	3
			高	PR107	4
			极高	热研 88-13	5
33	抗性：白粉病 QN (+)	141 MG	高感	PB5/51	1
			感	RRIM600	2
			中感		3
			抗	RRIC52	4
			高抗	RRIM717	5
34	抗性：炭疽病 QN (+)	141 MG	高感	南华 1	1
			中感		2
			感		3
			抗	热研 88-13	4
			高抗		5

附　录　B
（规范性附录）
橡胶树性状表的解释

B.1　橡胶树生育阶段

见表 B.1。

表 B.1　橡胶树生育阶段表

生育阶段代码	描述
未分枝幼树（幼苗期和定植后 1.5-2 年时间）	
11	第一蓬叶抽发期：70% 的植株抽第一蓬叶后叶片处于小古铜期
12	第二蓬叶抽发期：60% 的植株抽第二蓬叶后叶片处于小古铜期
13	第三蓬叶抽发期：50% 的植株抽第三蓬叶后叶片处于小古铜期
14	第四蓬叶抽发期：50% 的植株抽第四蓬叶后叶片处于小古铜期
15	第五蓬叶抽发期：50% 的植株抽第五蓬叶后叶片处于小古铜期
16	第六蓬叶抽发期：50% 的植株抽第六蓬叶后叶片处于小古铜期
17	落叶始期：50% 的植株开始落叶且落叶比例达到 1/3
18	落叶盛期：50% 的植株大量落叶且落叶比例达到 2/3
幼树期（分枝后到开割前期）	
21	第一蓬叶抽发期：70% 的植株抽第一蓬叶后叶片处于小古铜期
22	春花期：70% 的植株处于春花盛花期
23	第二蓬叶抽发期：60% 的植株抽第二蓬叶后叶片处于小古铜期
24	夏花期：60% 的植株处于夏花盛花期
25	第三蓬叶抽发期：50% 的植株抽第三蓬叶后叶片处于小古铜期
26	秋果成熟期：70% 的植株夏花所结的秋果经充分发育后处于成熟期
27	冬果成熟期：60% 的植株秋花所结的冬果经充分发育后处于成熟期
28	落叶始期：50% 的植株开始落叶且落叶比例占树冠比例达到 1/3
29	落叶盛期：50% 的植株大量落叶且落叶比例占树冠比例达到 2/3

B.2　涉及多个性状的解释

(a) 顶蓬叶的下一蓬。

(b) 秋果中果皮已干燥但未开裂的橡胶果实。

(c) 植株的主干。

B.3　涉及单个性状的解释

性状分级和图中代码见表 A.1。

性状 1. * 叶蓬：形状，见图 B.1。

1 弧形　　2 半球形　　3 截顶圆锥形　　4 圆锥形

图 B.1* 叶蓬：形状

性状 3. * 叶片：叶面光泽度，见图 B.2。

1 弱　　2 中　　3 强

图 B.2 * 叶片：叶面光泽度

性状 5. * 叶片：叶缘波浪程度，观测中间小叶，见图 B.3。

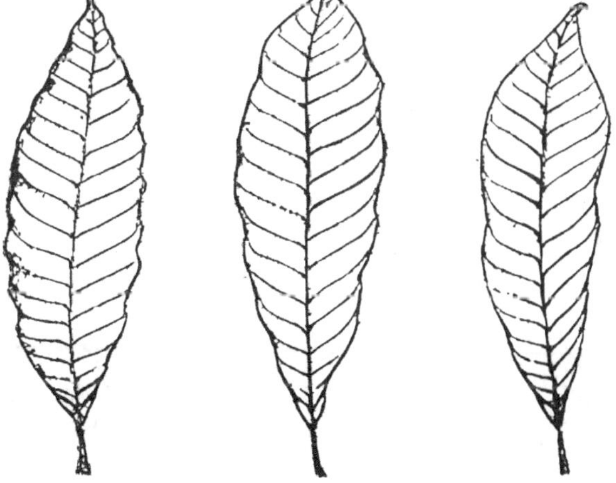

1 小　　2 中　　3 大

图 B.3 * 叶片：叶缘波浪程度

NY/T 2749—2015

性状 7. 叶片：主侧脉角度，观测中间小叶中部主叶脉与一级侧脉的夹角，角度不大于 55° 记为小，大于 55° 小于 65° 为中，不小于 65° 为大。见图 B.4。

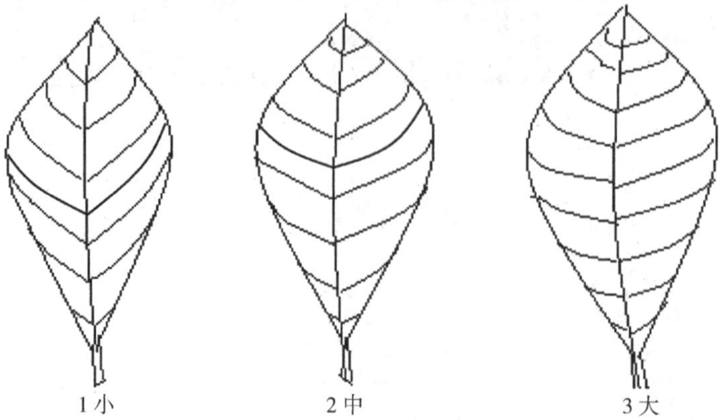

图 B.4 叶片：主侧脉角度

性状 8. 叶片：形状，观测中间小叶，见图 B.5。

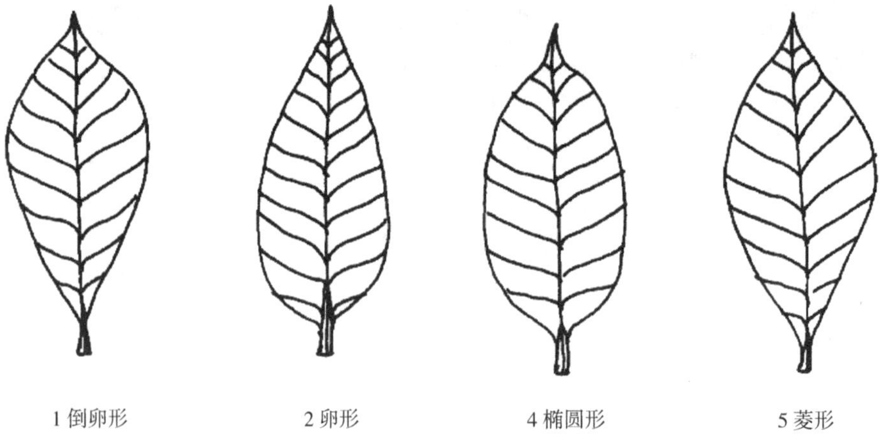

图 B.5 叶片：形状

性状 9. * 叶片：顶部形状，观测中间小叶，见图 B.6。

图 B.6 * 叶片：顶部形状

性状 10. * 叶片：基部形状，观测中间小叶，见图 B.7。

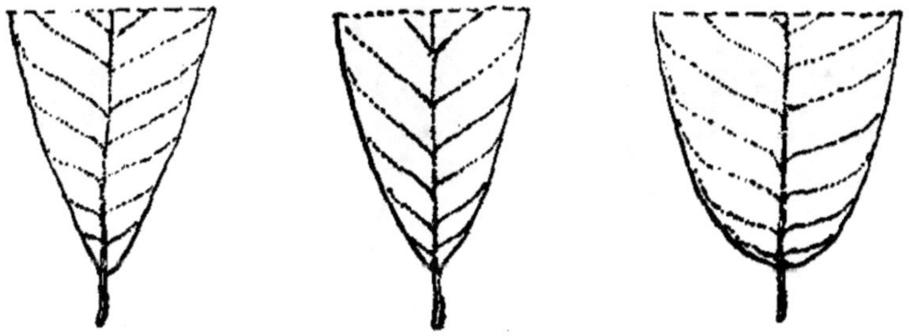

1 楔形　　2 渐尖形　　3 钝形

图 B.7 * 叶片：基部形状

性状 11. 叶片：侧小叶基部形态，见图 B.8。

1 内斜　　2 对称　　3 外斜

图 B.8 叶片：侧小叶基部形态

性状 12. 叶片：三小叶姿态，见图 B.9。

1 重叠　　2 靠近　　3 分离　　4 显著分离

图 B.9 叶片：三小叶姿态

性状 15. 叶痕：形状，观测植株第三篷叶至第五篷叶叶片脱落后的叶痕。见图 B.10。

1 半圆形　　2 近圆形　　3 马蹄形　　4 心脏形　　5 三角形　　6 菱形

图 B.10 叶痕：形状

性状 16. 叶痕：与芽眼距离，观测植株第三篷叶至第五篷叶叶片脱落后的叶痕与芽眼之间的距离。

性状 17. 大叶柄：形状，见图 B.11。

1 直　2 弓形　3 反弓形　4 S 形

图 B.11 大叶柄：形状

性状 18. * 大叶柄：姿态，见图 B.12。

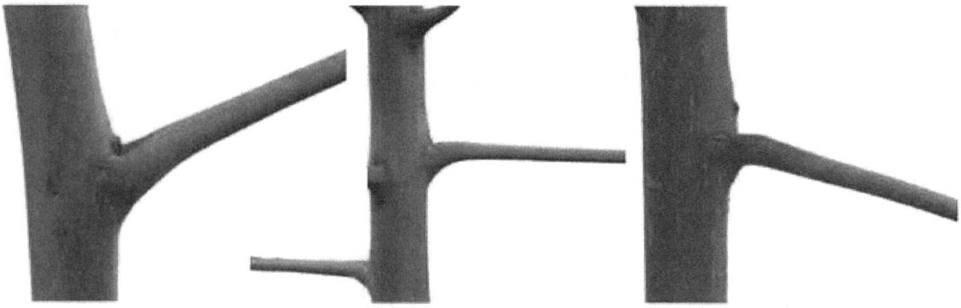

1 上仰　2 平伸　3 下垂

图 B.12 * 大叶柄：形态

性状 19. 叶枕：沟，见图 B.13。

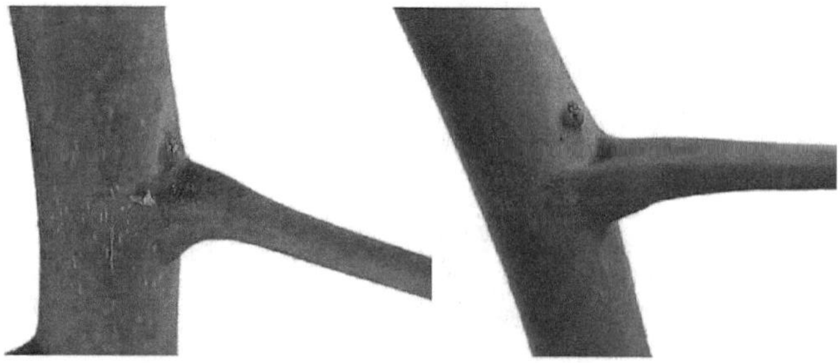

1 无　9 有

图 B.13 叶枕：沟

性状 20. 蜜腺：表面形态，见图 B.14。

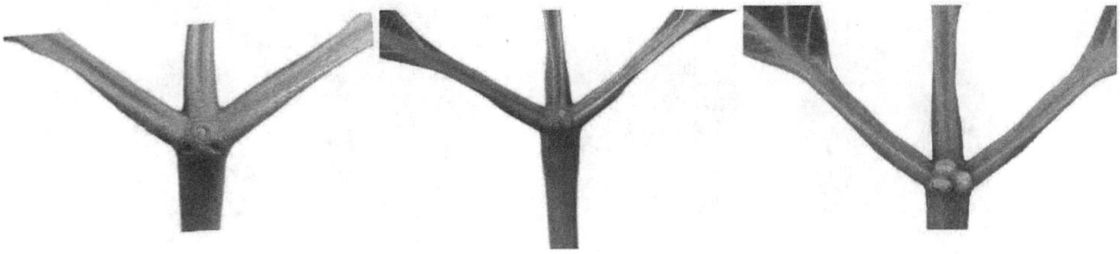

图 B.13 叶枕：沟

性状 21. * 胶乳：颜色，使用标准比色卡确定不同程度胶乳颜色。

性状 22. * 树干：曲直度，见图 B.15。

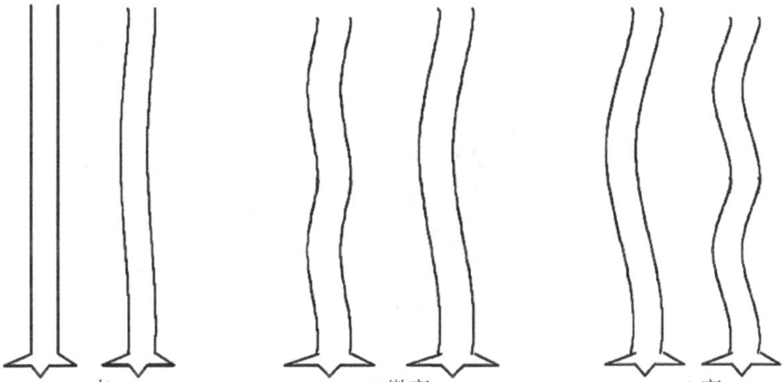

图 B.15 * 树干：曲直度

性状 23. * 树干：茎围，在植株主茎距地 1.5m 处观测。

性状 24. * 树冠：形状，观测由骨干枝及辅养枝组成有代表性健壮植株（无风，病、虫害）的树冠。见图 B.16。

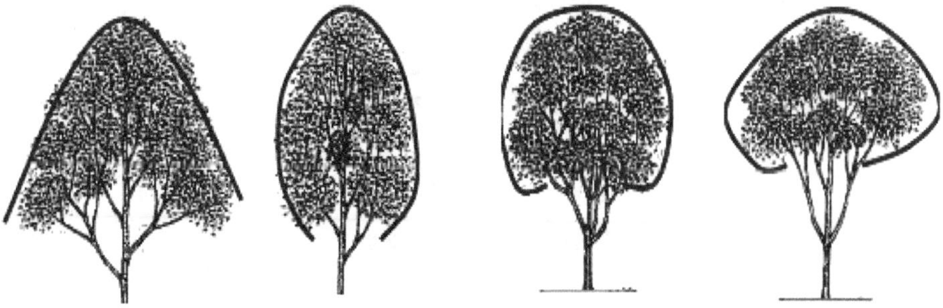

图 B.16 * 树冠：形状

NY/T 2749—2015

性状 26. * 种子：形状，垂直种背观测，见图 B.17。

1 椭圆形　2 圆形　3 长圆形　4 倒卵形

图 B.17 * 种子：形状

性状 27. * 种子：长度，垂直种背观测，见图 B.18。

性状 28. * 种子：宽度，垂直种背观测，见图 B.18。

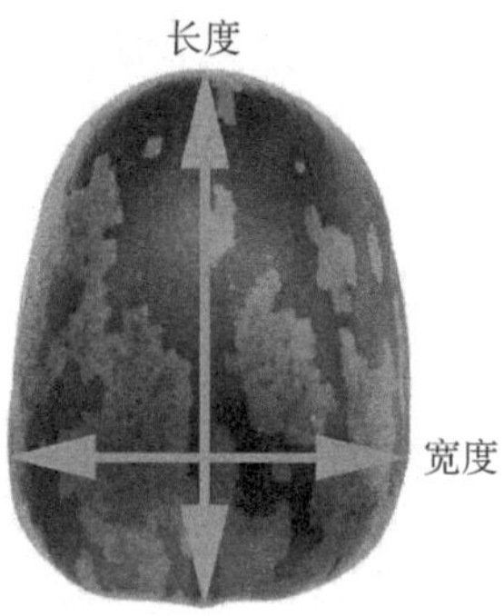

B.18 * 种子：长度，* 种子：宽度

性状 29. * 种子：厚度，平行种背观测，见图 B.19。

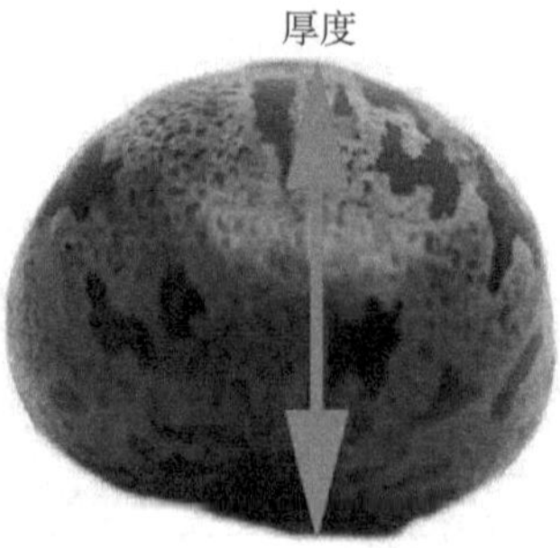

图 B.19 * 种子：厚度

性状 32. 胶水：干胶含量，按 NY/T 1314 执行。

性状 33. 抗性：白粉病，按 NY/T 1314 执行。

性状 34. 抗性：炭疽病，按 NY/T 1314 执行。

NY/T 2749—2015

附 录 C
（资料性附录）
橡胶树技术问卷格式

橡胶树技术问卷

申请号： 申请日： ［由审批机关填写］

（申请人或代理机构签章）

____

C.1 品种暂定名称：______________________

C.2 申请测试人信息

姓名：

地址：

电话号码： 传真号码： 手机号码：

邮箱地址：

育种者姓名：

C.3 植物学分类

拉丁名：______________________

中文名：______________________

C.4 品种类型

在相符的类型［ ］中打√。

C.4.1 育种选育方式及繁殖方式

C.4.1.1 杂交

（a）定向杂交 ［ ］

（请指明所用亲本）

（b）已知部分亲本 ［ ］

（请指明已知亲本名称）

（c）未知亲本 ［ ］

C.4.1.2 诱变 ［ ］

（请指明原品种名称）

C.4.1.3 转基因 ［ ］

（请指明原品种名称）

C.4.2 品种特点

C.4.2.1 速生 [ ]

C.4.2.2 高产 [ ]

C.4.2.3 抗风 [ ]

C.4.2.4 抗寒 [ ]

C.4.2.5 抗病 [ ]

C.4.2.6 其他 [ ]

C.4.3 品种繁育方式

C.4.3.1 无性繁殖

(a) 芽接 [ ]

(b) 组织培养 [ ]

C.4.3.2 其他

(请说明细节)

C.5 申请品种的具有代表性彩色照片

(品种照片粘贴处)

(如果照片较多,可另附页提供)

C.6 其他有助于辨别申请品种的信息

(如品种生长、产量和抗性等,请提供详细资料)

C.7 品种的选育背景、育种过程和育种方法,包括系谱、培育过程和所使用的亲本或其他繁殖材料来源与名称的详细说明

C.8　品种适于生长的区域或环境以及栽培技术的说明

C.9　品种种植或测试是否需要特殊条件

在相符的类型 [ ] 中打√。

是 [ ]　　　否 [ ]

（如果回答是，请提供详细资料）

C.10　品种繁殖材料保存是否需要特殊条件

在相符的类型 [ ] 中打√。

是 [ ]　　　否 [ ]

（如果回答是，请提供详细资料）

C.11　申请品种需要指出的性状

在表 C.1 中相符的代码后 [ ] 中打√，若有测量值，请填写在表 C.1 中。

表 C.1　申请品种需要指出的性状

序号	性 状	表达状态	代 码	测量值
1	* 叶蓬：形状（性状 1）	弧形	1[ ]	
		半球形	2[ ]	
		截顶圆锥形	3[ ]	
		圆锥形	4[ ]	
2	* 叶片：叶面光泽度（性状 3）	弱	1[ ]	
		中	2[ ]	
		强	3[ ]	
3	* 叶片：叶缘波浪程度（性状 5）	小	1[ ]	
		中	2[ ]	
		大	3[ ]	

表 C.1（续）

序号	性 状	表达状态	代 码	测量值
4	叶片：形状（性状 8）	倒卵形	1[ ]	
		卵形	2[ ]	
		椭圆形	3[ ]	
		菱形	4[ ]	
5	大叶柄：形状（性状 17）	直	1[ ]	
		弓形	2[ ]	
		反弓形	3[ ]	
		S 形	4[ ]	
6	叶枕：沟（性状 19）	有	1[ ]	
		无	2[ ]	
7	* 胶乳：颜色（性状 21）	白	1[ ]	
		浅黄	2[ ]	
		黄	3[ ]	
		深黄	4[ ]	
8	* 树干：曲直度（性状 22）	直	1[ ]	
		微弯	2[ ]	
		弯	3[ ]	
9	* 树干：茎围（性状 23）	小	1[ ]	
		中	2[ ]	
		大	3[ ]	
10	* 种子：形状（性状 26）	椭圆形	1[ ]	
		圆形	2[ ]	
		长圆形	3[ ]	
		倒卵形	4[ ]	
11	* 冬季落叶始期（性状 31）	早	1[ ]	
		中	2[ ]	
		晚	3[ ]	

C.12 申请品种与近似品种的明显差异性状表达状态描述

在自己知识范围内，申请测试人列出申请测试品种与其最为近似品种的明显差异。见表 C.2。

表 C.2 申请品种与近似品种的明显差异性状表达状态描述

近似品种名称	性状名称	近似品种表达状态	申请品种表达状态

附录 2　援外专家简介

周建南

1962年出生，中国热带农业科学院橡胶研究所研究员。

长期从事热带农业科技，尤其是天然橡胶科技的国际合作与交流工作；曾主持或参与多项国际合作与交流项目，其中包括联合国开发计划署的农业项目；多次组织、参与或协助组织国际会议、国际学术研讨会、国际组织年会、援外国际培训班和国际合作项目年会。2016年11月至2018年10月当选国际橡胶研究与发展委员会（IRRDB）副主席，2018年11月当选IRRDB主席。

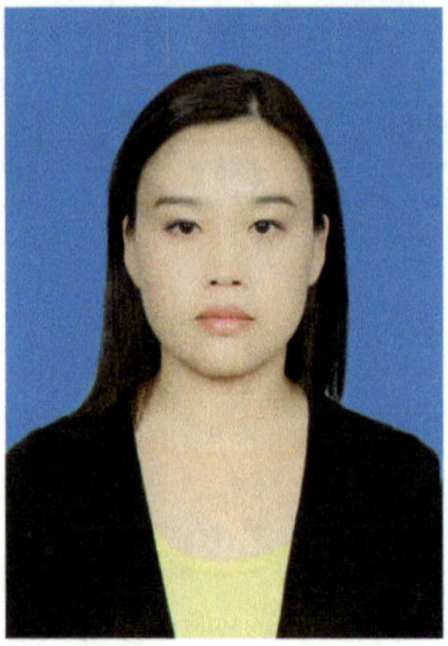

宋红艳

1978年出生，中国热带农业科学院橡胶研究所科技处处长，博士，副研究员。

长期从事科技管理、对外科技合作等工作，2008年赴泰国参加“区域性木薯课程培训”，2012年赴日本参加“农业现代化与城乡发展一体化专题培训班”，先后承担中国热带农业科学院基本科研业务费专项4项，参与省部级科研项目3项，以第一作者发表论文6篇。

位明明

1981年出生，中国热带农业科学院橡胶研究所副研究员。

主要从事橡胶树新品种选育、生殖发育相关分子调控机理研究。主持或参与国家重点研发计划项目、农业国际合作项目、国家自然科学基金项目等省部级项目15项。以第一作者发表论文数十篇，以第一发明人授权国家发明专利2项、实用新型专利4项；以第一完成人和第二完成人完成橡胶树品种热垦525与热垦523的品种登记；以第七完成人获全国农牧渔业丰收奖1项；参与制定和修订了《橡胶树育种技术规程》等3个行业标准。

王文斌

1974年出生，工作于中国热带农业科学院橡胶研究所，土壤肥料研究室副主任，副研究员，硕士生导师。

长期从事热带土壤养分和植物营养调控研究。自2005年起参与国际橡胶研究与发展委员会（IRRDB）及国际热带农业中心（CIAT）等国际组织的合作与交流工作。作为国际培训班专家组成员，多次为“一带一路”沿线国家学员进行橡胶树营养诊断施肥及胶园土壤管理方面的授课工作。2012年赴美国夏威夷参加英语培训，2019年赴英国参加农业农村部资源环境领域杰出人才培训，多次赴马来西亚、泰国、越南、柬埔寨等国家执行短期合作及技术培训任务。先后主持及参与国家级、省部级项目20余项，发表论文50余篇，制定国家标准1项，获授权专利6件，获软件著作权4项，获省部级奖励5项。

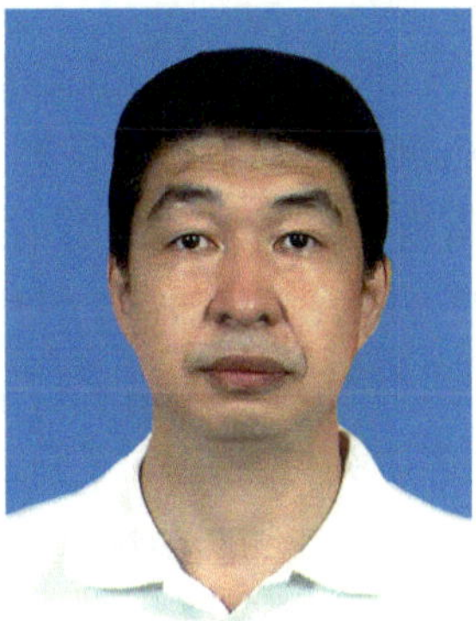

王立丰

1975年出生，工作于中国热带农业科学院橡胶研究所，研究员，硕士生导师。

长期从事橡胶树抗逆生理与分子生物学研究。中国热带作物学会天然橡胶专业委员会会员，华中农业大学和海南大学硕士研究生导师。主持和参与国家自然科学基金等科研项目20项。研究方向为橡胶树高产光合生理和抗旱、抗寒等抗逆生理及转录调节分子机制；橡胶树抗逆栽培技术研究与应用。已经发表论文50篇，其中SCI文章17篇，出版英文专著3部，获授权国家发明专利5件，指导毕业研究生8名、在读研究生1名。

王 军

1976年出生，工作于中国热带农业科学院橡胶研究所，副研究员，国家天然橡胶产业技术体系种苗扩繁与生产技术岗位科学家。

长期从事橡胶树种苗繁育、栽培生理、砧穗关系等方面的研究和推广工作；曾主持或参与多项科研计划，包括国家自然科学基金、农业科技成果转化资金等；2009年、2015年、2019年先后多次参加IRRDB会议，就橡胶树寒害、“围洞法”抗旱定植技术、橡胶树籽苗芽接技术、小筒苗育苗技术等进行交流合作。

王纪坤

1979年出生，工作于中国热带农业科学院橡胶研究所，副研究员。

长期从事热带栽培技术研究工作，尤其是橡胶树轻简化栽培技术及全自动干胶含量测定仪研发工作，是中国仪器仪表学会专家组成员，曾主持或参与多项国家自然科学基金、国家天然橡胶产业技术体系、国际合作与交流等项目。

王真辉

1972年出生，工作于中国热带农业科学院橡胶研究所，橡胶研究所采胶研究室主任，副研究员，硕士生导师。

长期从事橡胶树死皮发生机制与防控技术研发。先后主持或参与多项国家自然科学基金、农业农村部公益性行业科技专项、天然橡胶产业技术体系、海南省重点科技项目等省部级课题。研发形成橡胶树死皮康复综合技术，研究成果“橡胶树死皮康复综合技术研发与应用”经评价达到“国际领先水平”。近年以通信作者与第一作者发表研究论文100多篇，其中SCI文章6篇，获得授权发明专利5件，实用新型专利8件，1项产品获国家肥料正式登记。

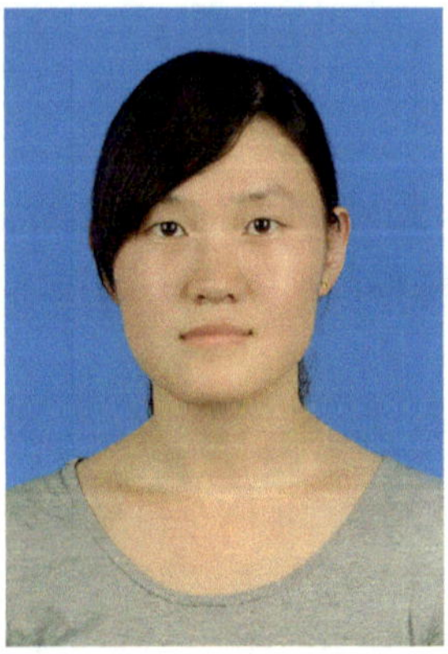

王翠翠

1987年出生，工作于中国热带农业科学院橡胶研究所，助理研究员。

2014年毕业于海南大学。主要从事科研管理及天然橡胶国际合作与交流工作，曾多次组织策划天然橡胶国际学术会议，先后主持及参与省部级科研项目5项，以第一作者发表论文2篇。

安 锋

1977 年出生，工作于中国热带农业科学院橡胶研究所，研究员。

先后在德国拜罗伊特大学、澳大利亚迪肯大学和阿德莱德大学留学访问。现任中国热带农业科学院橡胶研究所栽培技术课题组组长、中国热带农业科学院作物栽培与耕作学重点学科负责人、中国作物学会栽培专委会委员、国际橡胶研究与发展委员会（IRRDB）农学组中国区联络员。担任国家自然科学基金、浙江省自然科学基金等项目函评专家，*Journal of Plant Growth Regulation*、*Journal of Forestry Research*、*Journal of Rubber Research* 及《植物生态学报》《热带作物学报》等国内外多家期刊审稿人。长期从事橡胶树栽培技术和生理生态研究，尤其偏重橡胶树水分生理和抗逆栽培研究与技术推广工作。曾主持国家、省级科研项目 20 余项，发表论文 40 余篇（SCI 论文 12 篇），主编专著 2 部，参编专著 1 部，获得实用新型专利 3 项、发明专利 4 件。

刘锐金

1984 年出生，工作于中国热带农业科学院橡胶研究所，产业发展研究室副主任（执行），副研究员。

海南省"南海名家"青年项目首批入选者，海南省拔尖人才，农业农村部农产品市场分析预警团队天然橡胶首席分析师，中国热带农业"十百千人才工程"首批入选者。博士毕业于中国社会科学院研究生院，曾以访问学者身份在马来西亚马来亚大学学习。现任中国热带农业科学院橡胶研究所产业发展研究室副主任（执行）、天然橡胶生产国联合会（ANRPC）价格稳定专家组成员、国际橡胶研究与发展委员会（IRRDB）经济社会专家组中国区联络员、中国国外农业经济学会理事、*Journal of Rubber Research* 等期刊审稿专家。长期从事热带作物产业经济学研究，在产业改革发展及政策、价格波动及其风险管控、农户行为、科技支撑产业发展、林业碳汇与碳税、投资项目分析等方面取得了系列成果。主持包括国家社科基金、海南重点研发计划在内的课题 18 项，以第一或通信作者出版专著 1 部、发表论文 41 篇，提交研究咨询报告 30 余份，主笔撰写《海南省天然橡胶产业发展规划（2019—2025 年）》《"十三五"国家天然橡胶基地建设规划（2016—2020 年）》。作为第一完成人的《天然橡胶价格波动及其风险管控》获 2019 年度海南省科技进步奖三等奖；作为第三完成人的《海南橡胶槟榔椰子"三棵树"产业科学发展建议》获海南省第十一次社会科学优秀成果（研究报告）一等奖。

李维国

1968年出生，工作于中国热带农业科学院橡胶研究所，资源与育种研究室主任，研究员，硕士生导师。

1992年7月至今，在中国热带农业科学院橡胶研究所新品种培育课题组工作，主要研究方向为橡胶树品种选育、橡胶树诱变育种技术、橡胶树分子辅助育种技术等。参与选育橡胶树新品种8个，承担国家级和省部级等科研项目10余项，获中华农业科技奖一等奖、海南省成果转化特等奖、海南省科技进步二等奖各1项。发表科研论文15篇，其中中文核心刊物10篇，制定行业标准3项，授权发明专利3件。

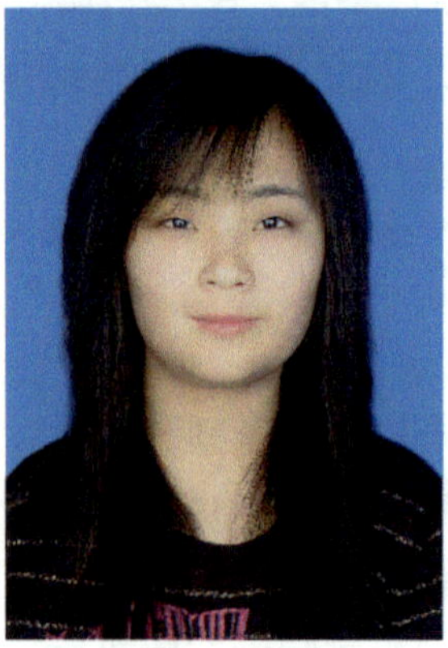

肖鑫丽

1987年出生，工作于中国热带农业科学院橡胶研究所，研究实习员。

2015年毕业于云南农业大学，主要从事天然橡胶领域的科研管理、对外国际合作与交流工作，协助申报海南省重点研发计划项目、院国际合作奖以及海南省国际科学技术合作奖等工作。组织策划天然橡胶国际学术会议5次，参与省部级科研项目1项。

张晓飞

1981年出生，工作于中国热带农业科学院橡胶研究所，副研究员。

2008年6月毕业于南京林业大学林木遗传育种专业，获农学硕士。2008年7月至今，在中国热带农业科学院橡胶研究所新品种培育课题组工作，主要从事橡胶树品种培育、橡胶树分子辅助育种研究。主持海南省重要研发项目、海南省自然科学基金和中央级公益性科研院所基本科研业务费重点项目各1项，参与各类科研项目10余项；获海南省科技成果转化特等奖、中华农业科技奖一等奖和全国农牧渔业丰收奖等省部级奖励3项；参与制订或修订农业行业标准5项；获橡胶树品种审定1项，橡胶树新品种权7项；以第一作者或通信作者在省级以上学术刊物发表论文10篇；选育并推广橡胶树新品种4个；从橡胶树杂交授粉子代中筛选优异材料100余份，引进国外优良橡胶树品种15个。

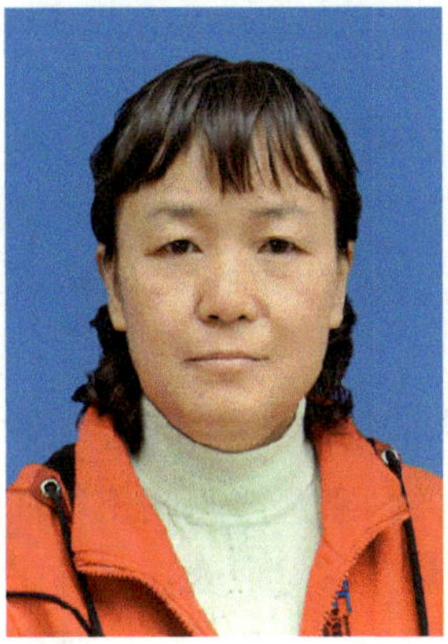

罗雪华

1970年出生，工作于中国热带农业科学院橡胶研究所，高级实验师。

长期从事土壤肥料测试技术、橡胶树氮素营养的研究和应用。主持和参与海南省自然科学基金、国家自然科学基金等科技项目10多项，其中2018—2020年参与“一带一路”国际合作“中国-柬埔寨天然橡胶&农业化学联合实验室建设专项”的实验室规划、仪器购置、耗材购买等工作，并负责培训柬埔寨实验技术人员2名；授权软件著作、实用新型和发明专利共3件；发表论文50篇，其中在省级以上科技刊物以第一作者发表论文11篇、通信作者5篇。

胡彦师

1974年出生，工作于中国热带农业科学院橡胶研究所，副研究员。

2003年毕业于福建农林大学，获农学硕士学位。2003年7月至今，在中国热带农业科学院橡胶所从事种质资源保存与创新利用研究工作。先后承担或参与并完成科技部国家科技基础性工作专项、国家重点研发计划子任务、农业农村部物种资源保护项目、国家自然科学基金、院创新团队项目等10多项；获海南省科技进步一等奖1项（第三完成人）、海南省科技进步二等奖1项（第五完成人）、中国热带农业科学院一等奖1项、其他奖励4项；获成果鉴定2项；发表论文11篇；制订农业行业标准2项（第二、第三完成人）；获授权专利2件；主编出版著作1部，参与出版著作4部。

高宏华

1976年出生，工作于中国热带农业科学院橡胶研究所，副研究员。

长期从事天然橡胶采胶生理研究，主持广东省重点研发专项、院所科研业务费专项，参与国际合作交流项目多项；获批发明专利3项；参编著作4部；参与起草行业标准2项；近年来，以第一作者发表论文5篇。

曹建华

1973 年出生，工作于中国热带农业科学院橡胶研究所，副所长，三级研究员。

入选海南省拔尖人才（2018 年），入选海南省"南海名家"育才计划（2020 年）。

长期从事热带农业栽培、农业机械化研究、国际合作管理工作。2006 年 3—12 月，赴南太平洋国家瓦努阿图执行油棕援外任务；2008—2015 年期间，先后赴印度尼西亚、马来西亚、哥斯达黎加、哥伦比亚执行短期国际合作项目；受多家企业邀请，先后多次赴印度尼西亚、马来西亚、安哥拉、加纳、印度、越南、柬埔寨等国，执行热带农业考察、规划和技术培训任务。先后主持国家级、省部级项目 30 余项，发表论文 160 余篇，出版专著 5 部，获国家发明专利 10 项、实用新型 50 余件、外观专利 2 件、软件著作权 9 项，获奖励 6 项。

程　汉

1978 年出生，工作于中国热带农业科学院橡胶研究所，研究员。

入选海南省高层次人选"领军人才"（2019 年）、海南省"南海名家"（2019 年）和海南省"515 人才工程"（2018 年）。先后主持和承担了国家重点研发计划子课题、国家自然科学基金面上及青年项目、人社部留学归国人员择优资助项目、农业农村部国际交流与合作项目及物种资源保护项目、行业科技项目等省部级以上科研项目 14 项，发表学术论文 40 余篇，授权国家发明专利 4 项，曾获农业部中华农业科技一等奖、海南省科学技术特等奖、海南省科技进步一等奖等奖励。

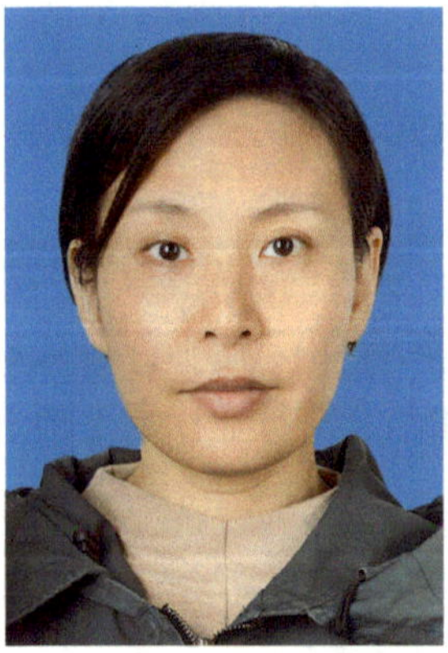

曾　霞

1976 年出生，工作于中国热带农业科学院橡胶研究所，副研究员。

主要从事橡胶树种质资源和遗传育种研究工作。主持和参与了部省级基础条件平台建设、资源保护等多个项目研究，获海南省科技成果转化特等奖 1 项，海南省科技进步一等奖 1 项、二等奖 3 项；制定农业行业标准 2 项，参与编写著作 3 部，以第一作者发表论文 20 余篇。

Lim Khantiva

长期从事土壤农化科学研究工作，1996 年获硕士学位，2019 年任柬埔寨橡胶研究所（CRRI）副所长，2020 年 10 月任柬埔寨橡胶研究所所长。

Mak Sopheaveasna

长期从事橡胶树土壤学研究工作，2006 年获得硕士学位，2013—2020 年 9 月任柬埔寨橡胶研究所所长。

Phean Chetha

长期从事农艺学研究工作，1997 年获学士学位，2012 年至今任柬埔寨橡胶研究所植物育种研究室主任。

Phen Phearun

长期从事农艺学研究工作，2011 年获硕士学位，2019 年至今任柬埔寨橡胶研究所生理与采胶研究室主任。

附录 3　援外合作展示

橡胶树高效割面营养增产素

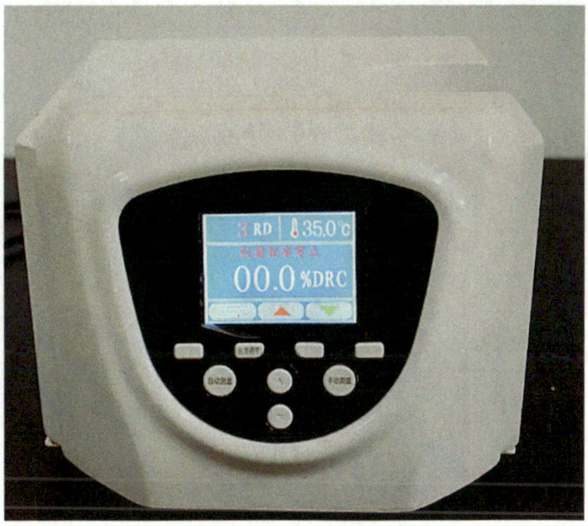

橡胶研究所干胶含量测定仪

橡胶树缓控释配方肥技术

橡胶所专家培训科技人员

培训柬埔寨索菲克尼卡公司科技人员

培训柬埔寨科技与管理人员

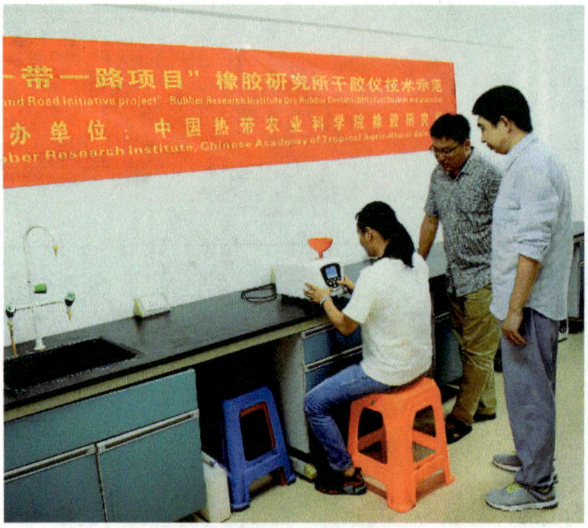

在线培训柬埔寨科技人员

出版技术手册

矮化授粉园水泥柱安装

矮化授粉园无性系名称标记

矮化授粉园行间翻耕

矮化授粉园行间除草

矮化授粉园修枝

矮化授粉园打顶

矮化授粉园修枝后涂抹凡士林

矮化授粉园施肥管理

矮化授粉园拉枝处理

矮化授粉园矮化管理

无性系材料的选择

芽接准备工作

芽条编号

无性系收集后嫁接

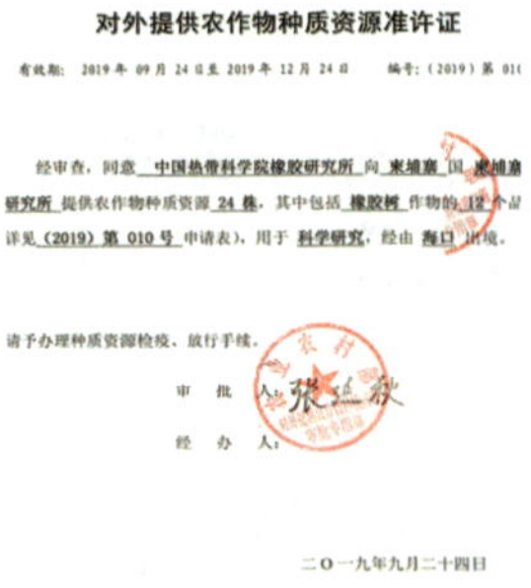

对外提供农作物种质资源准许证

有效期：2019 年 09 月 24 日至 2019 年 12 月 24 日　　编号：(2019) 第 01(

经审查，同意 中国热带科学院橡胶研究所 向 柬埔寨 国 柬埔寨研究所 提供农作物种质资源 24 株，其中包括 橡胶树 作物的 12 个品
详见 (2019) 第 010 号 申请表)，用于 科学研究，经由 海口 出境。

请予办理种质资源检疫、放行手续。

审　批　人：张以秋

经　办　人：

二〇一九年九月二十四日

流水号：03060020190522-2

对外提供农作物种质资源申请表

有效期：2019年9月24日至2020年3月24日　　编号：(201?) 第10号

申请单位(个人)(章)	中国热带农业科学院橡胶研究所	法定代表人或联系人	张晓飞
地　址	海南省海口市龙华区学院路4号	邮政编码	571101
Email地址	catas@20126.com	电话号码	13687536917
接受国家	柬埔寨	接受单位(个人)	柬埔寨橡胶研究所
出境口岸	海口海关	对外提供原因	科学研究

申请对外提供农作物种质资源清单

作物种类	品种名称	统一编号	类别	数量(克/株/粒)	备注
橡胶树	热研7-33-97		常规种	2 株	
橡胶树	热研7-20-59		常规种	2 株	
橡胶树	热研88-13		常规种	2 株	
橡胶树	热研217		常规种	2 株	
橡胶树	热研8-333		常规种	2 株	
橡胶树	93-114		常规种	2 株	
橡胶树	天任31-45		常规种	2 株	
橡胶树	湛试8-67-3		常规种	2 株	
橡胶树	红山67-15		常规种	2 株	
橡胶树	广西6-68		常规种	2 株	
橡胶树	南华1		常规种	2 株	
橡胶树	保亭936		常规种	2 株	

对外提供农作物种质资源准许证、申请表

培训日程和培训内容工作会议（2018年8月20日于儋州）

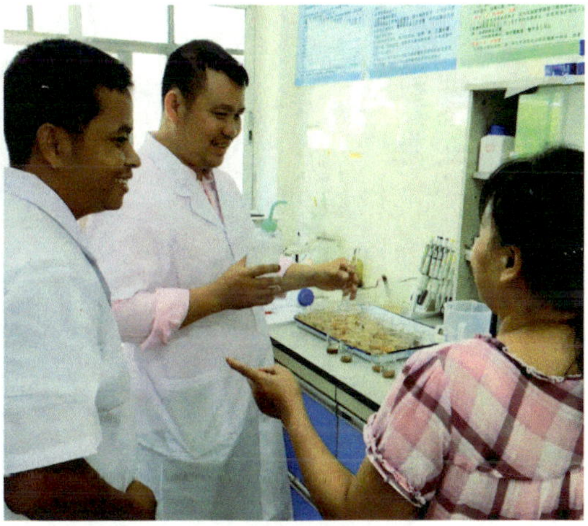

王文斌博士为CRRI科技人员Prak Sann 和Im Hol讲解土壤分析技术

赵春梅副研究员为CRRI科技人员示范土壤分析技术

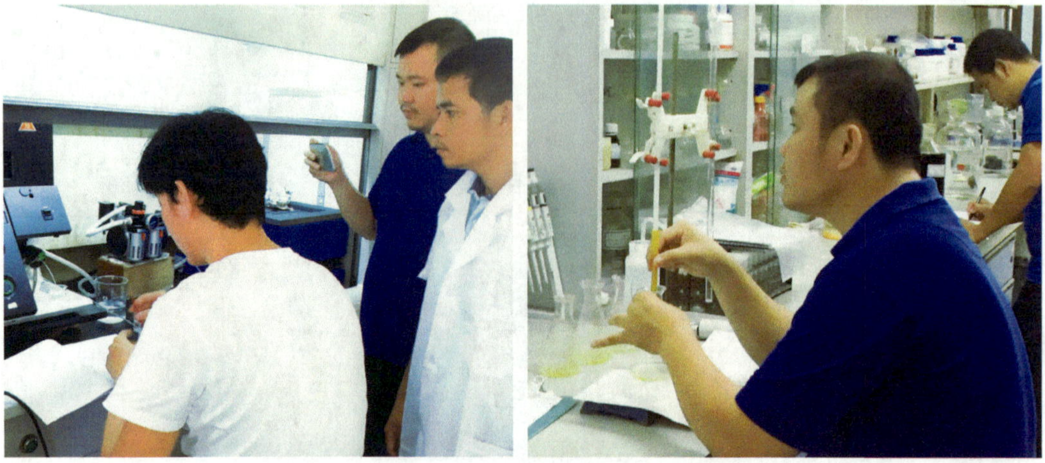

CRRI科技人员Prak Sann 和Im Hol操作实验

王文斌博士等指导学员滴定操作

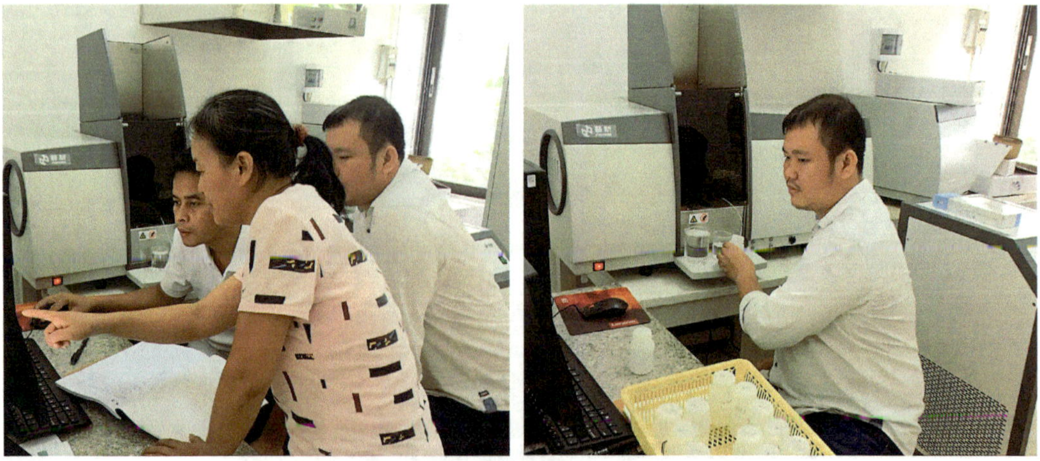

CRRI科技人员学习原子吸收光谱仪的操作

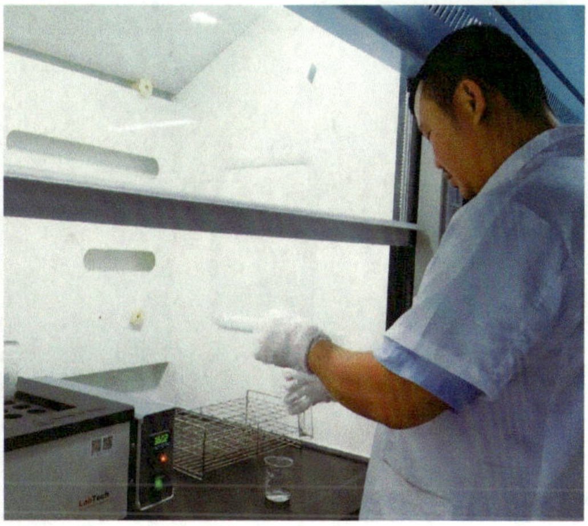

CRRI科技人员独立操作仪器

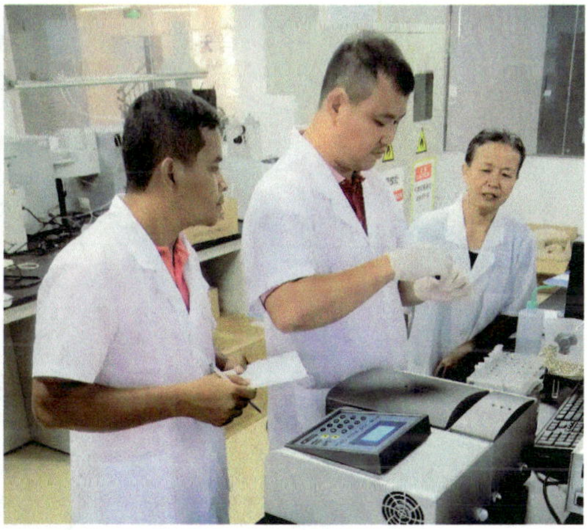

CRRI科技人员学习标准溶液的配制

学员操作仪器和培训师生合影

CRRI学员进行田间采样实习

CATAS橡胶研究所与CRRI所长及科技人员商讨项目任务执行方案

中国－柬埔寨橡胶土壤与叶片诊断联合实验室全景（改造前）

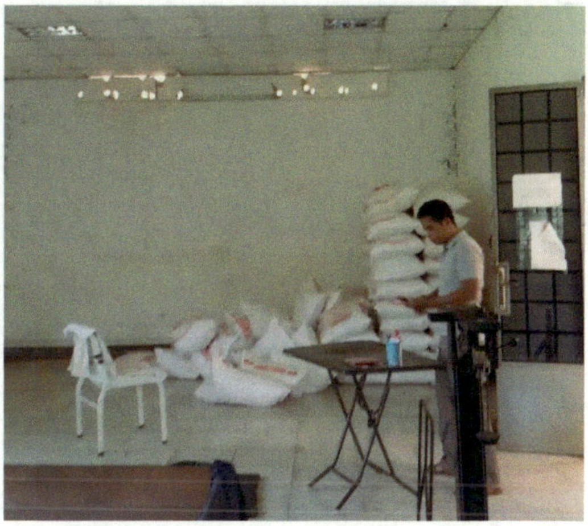

实验室内景（改造前）

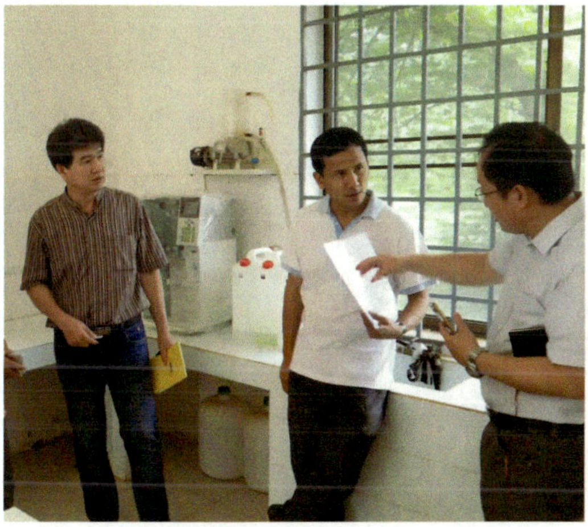

商讨联合实验室仪器购置计划

商讨实验室改造规划

商讨中柬联合实验室功能分区

商讨中柬联合实验室建设协议

进一步商讨中柬联合实验室建设协议

修缮改造好的中柬联合实验室外景

修缮改造后的中柬联合实验室内景

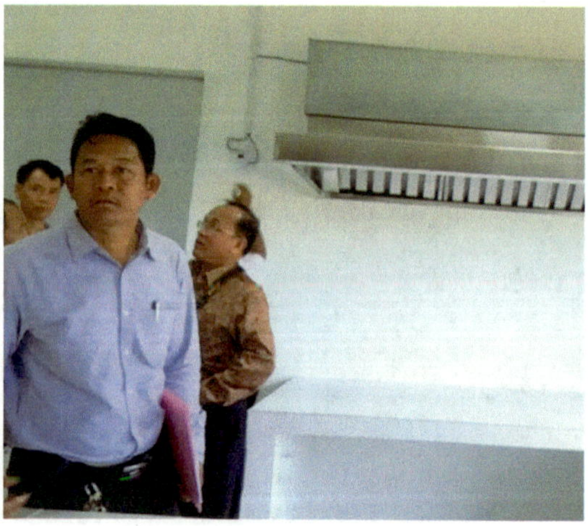

中柬联合实验室条件改造检查

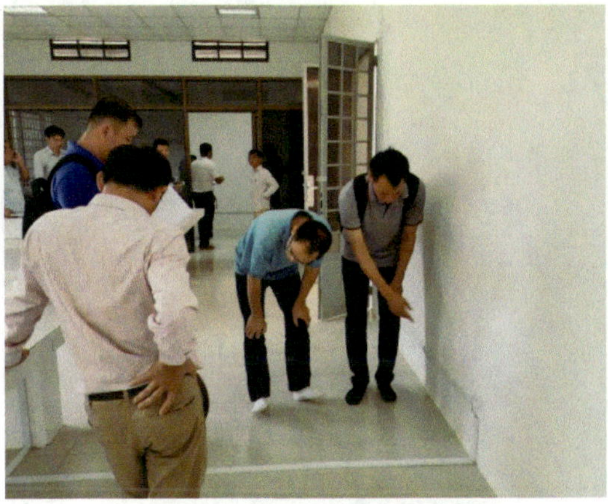

中柬联合实验室条件改造检查

仪器送达中柬联合实验室
（2019年11月15日）

外包装拆卸前的仪器
（2019年11月15日）

开箱检验9台仪器（2019年11月26日）

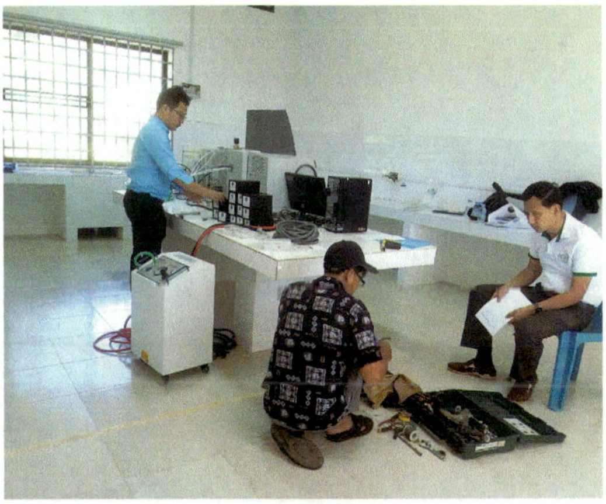

工程师和电工正在检查仪器安装
所需电路条件

CRRI科研人员接受原子吸收光谱仪培训

CRRI科研人员在学习操作原子吸收光谱仪

CRRI科研人员Sann在操作原子吸收光谱仪

指导CRRI科研人员采集幼龄胶园土壤样品

指导CRRI科研人员采集胶园土壤样品

CRRI科研人员采集橡胶叶片样品

CRRI科研人员采集成龄胶园土壤样品

广垦（柬埔寨）农业科技有限公司育苗基地选种和播种育苗

1. 柬埔寨橡胶研究所基地整地；2. 起垄装土袋；3. 建设育苗棚；4. 建成的育苗棚

柬埔寨橡胶研究所建成新型育苗圃

1. 在广垦（柬埔寨）农业科技有限公司作学术报告；2. 在柬埔寨橡胶研究所作学术报告；
3. 指导广垦（柬埔寨）农业科技有限公司技术工人；4. 指导柬埔寨橡胶研究所技术工人

王军副研究员开展籽苗芽接技术培训

1. 培育的籽苗芽接苗；2. 芽接苗定植；3. 新型苗木易于搬运

柬埔寨新型育苗材料大田移栽

1. 割胶技术示范树选取和标记；2. 施用中国增产素；3. 死皮树选择和刮皮；4. 施用土壤调理剂

示范基地选择与建设

1. 与柬埔寨橡胶研究所共同确定示范基地；2. 给柬埔寨橡胶研究所科技人员作学术报告；
3. 在基地示范死皮康复合剂；4. 在基地示范死皮康土壤调理剂

王真辉研究员开展死皮防控技术培训和示范

1. 给柬埔寨橡胶研究所科技人员进行电动胶刀讲解；2. 给柬埔寨橡胶研究所科技人员进行增产素讲解；
3. 在基地示范增产素施用技术；4. 在基地讲解 4CJX-303B 电动胶刀使用技术

高宏华副研究员开展死皮防控技术培训和示范

1. 王立丰研究员给柬埔寨橡胶研究所科技人员作学术报告；2. 王立丰研究员耐心解答柬埔寨橡胶研究所提出的问题；
3. 中国热带农业科学院农业机械研究所邓怡国副研究员示范新型 4GXJ-2 型锂电无刷往复式电动割胶刀使用；
4. 中国热带农业科学院农业机械研究所邓怡国副研究员示范新型 4GXJ-2 型锂电无刷往复式电动割胶刀安装

中国热带农业科学院专家开展干胶含量测定仪和电动胶刀技术培训示范

1. 4CJX-303B 电动胶刀和增产素技术示范；2. 干胶含量测定仪技术示范；
3. 轻简化栽培技术示范；4. 橡胶树专用肥技术示范

中国热带农业科学院专家开展在线培训示范

1. 挖施肥沟；2. 定量施用橡胶树专用肥；3. 定量施用有机肥；4. 定量施用化肥

柬埔寨橡胶研究所开展橡胶树专用肥、化肥和有机肥施用技术示范

1-2. 胶园间种葛根；3. 胶园间作果树；4. 胶园间作经济作物

幼龄胶园间作经济作物

1. 谢贵水副所长签署协议；2. 周建南主席签署协议；3. 罗微副所长赠送电动胶刀；
4. 曹建华副所长示范电动胶刀

橡胶研究所领导积极参与中柬科技合作

1. 曹建华副所长向柬埔寨农业农垦总局常务副局长 Pech Sovanno 赠送胶刀；
2. 柬埔寨农林渔业部部长 Sakhon Veng 接见王军副研究员；
3. IRRDB 周建南主席验收死皮康技术示范成果

中国－柬埔寨天然橡胶科技合作得到认可